Käufer suchen hochwertigen, ansprechenden und relevanten Content, um Entscheidungen zu treffen – und intelligente Unternehmen bieten ihnen diese Inhalte.

Joe Pulizzi

Impressum

FRESH CONTENT
Wie Sie Menschen mit Storys begeistern und Kunden gewinnen

1. Auflage, Oktober 2017
ISBN 978-3-200-05225-3

Medieninhaber und Verleger:
Corporate Media Service GmbH
Messequartier/Münzgrabenstraße 84b
8010 Graz

Herausgeber: Ing. Harald Kopeter
Projektleitung: Mag.ª Claudia Rief-Taucher
Lektorat: Mag.ª Irene Mihatsch, BA/www.leselupe.at
Grafik: Rypka GmbH/Ing. Thomas Sommer, BA
Titelfoto: Gerlinde Mörth

Alle Rechte vorbehalten. Vervielfältigungen, auch auszugsweise, nur mit schriftlicher Genehmigung des Verlages. Sämtliche Angaben in diesem Werk erfolgen trotz sorgfältiger Bearbeitung ohne Gewähr. Eine Haftung der Autoren, des Herausgebers und des Verlages ist ausgeschlossen.

www.fresh-content.at

DIE STORY ZUM BUCH

Warum?

Schon als Content Marketing noch Corporate Publishing hieß und immer dieses Papierrascheln erzeugte, war ich überzeugt von der Kraft der Geschichten. Seit Jahrzehnten ist Storytelling ein herausragender Teil meiner Arbeit im Content Marketing, weil Menschen von Geschichten berührt werden. Storys öffnen Augen und Herzen und bleiben im Gedächtnis, deshalb sollte, wie ich meine, Storymarketing bei allen Branchen im Mittelpunkt stehen.

Wie?

Die Geschichten im vorliegenden Buch sind durch spannende Gespräche und Interviews mit Kunden, Partnern und interessanten Persönlichkeiten entstanden und stammen – neben brandaktuellen Beiträgen und Gastkommentaren – aus Fachmagazinen und Blogs vergangener Monate und Jahre. Nicht der berühmte rote Faden soll Sie durch dieses Buch führen, sondern eine erfrischende Vielfalt an Erfahrung und Kompetenz sowie Kommunikation innerhalb der Branche.

Was?

Das Buch zeigt beispielhaft, wie ich mir Storymarketing vorstelle. Die wichtigsten Sinne der Menschen sollen angesprochen werden, wenn Sie „Fresh Content" zur Hand nehmen: Damit Ihre Fingerspitzen ein angenehmes Erlebnis mit dem Lesen verbinden, fühlen Sie die Soft-Touch-Prägung auf dem Cover des Buches. Ein wesentlicher Teil des Buchinhalts zielt bewusst auf die visuelle Wahrnehmung; So erzählen zahlreiche aussagekräftige Bilder deren eigene Story.

Wer?

Ich wünsche Ihnen viele Inspirationen beim Lesen.

Ihr Harald Kopeter

INHALT

Brauche ich das wirklich? Ja! 7

Wenn die Oper auf der Seife steht –
ein nostalgischer Ausflug 10

BESTER CONTENT   14

Scheinheiligkeit: der wahre
Tod des Journalismus 15

7 Bausteine für erfolgreiches
Content Marketing 23

„Done is better
than perfect!" 29

Was erzählen wir? Die 5 wichtigsten
Fragen für besten Content 33

Starke Partner für teuren
Content ins Boot holen 36

Corporate Language:
Zaubern Sie mit! 41

Alle essen, keiner kocht: Sind
Rezepte wirklich guter Content? 44

Tragen wir zu dick auf? Corporate Publishing
zwischen Image und Realität 49

Herzen gewinnen: Glauben Sie nur nicht,
dass man Vertrauen kaufen kann 55

Content Promotion: Vorhang
auf für guten Content! 59

BEST OF STORYTELLING   62

Wer hat recht: Griechische
Tragödie oder Hirnforschung? 63

In die Herzen der Menschen reinerzählen:
„Da ist noch viel Luft nach oben" 67

Story? Tell it! Wer will
schon Fakten-Pornos? 71

Alles, was erzählt: Folke Tegetthoff
über Storytelling im Tourismus 75

Storytelling. Kein Trend. Zwang. 79

Storys für die Bahn: Geschichten
erzählen auf Teufel komm raus 83

Wer findet
die Geschichte? _____ 87

Auf gut Steirisch: „Ohne
Gschicht ka Gschicht!" _____ 91

BESTES HANDWERK 94

Der Titel: Worte wirken Wunder! _____ 95

Das Editorial: Liest keiner?
Was für ein Irrtum! _____ 103

Voller Gedanken, Geschichten
und Gefühle: das Porträt _____ 107

Die gute Nachricht: Was
macht sie lesenswert? _____ 111

Friendly Focus: die Reportage
im Content Marketing _____ 115

Sehr gefragt: das Interview _____ 119

Der Kommentar: Lasst
Experten sprechen _____ 123

Die Glosse – Mückenstich & Farbtupfer _____ 127

Betreff: „Newsie?" 5 Lanzen
für den guten alten Newsletter _____ 131

Drama, Baby! Damit der Unternehmensblog kein Trauerspiel wird _____ 135

Sicher kein Fehler: Setzen
Sie auf anschauliche Texte! _____ 139

Korrekturlesen: Nervenkitzel
beim Fehlersuchen _____ 145

BEST OF SOCIAL MEDIA 148

Jeder Inhalt ist sozial _____ 149

Social Media: Schlechte Witze
und der richtige Schmäh _____ 157

Hilfe, mein Content ist nicht
für Social Media geeignet! _____ 163

Wenn die Wogen hochgehen:
Was passiert mit Kritik im
Social Web? _____ 169

Die Story geht weiter _____ 175

Brauche ich das wirklich? JA!

11 Gründe, warum Sie die vielfältigen Chancen und Möglichkeiten von Content Marketing nutzen sollten.

#1 Das Ende der Werbung? Echt jetzt.

Nicht nur die Werbung hat explosionsartig zugenommen, auch Produkte werden in einer Vielfalt und Vielzahl angeboten, die es noch nie gab. Das ist schön, aber auch anstrengend. Wir haben die Qual der Wahl: Vom Laptop bis zum Auto wollen wir diese Wahl wohlüberlegt treffen, doch niemand ist Experte für alles. Mit Content Marketing ist es möglich, wichtige Hintergrundinformationen für die Kaufentscheidung zu liefern und neue Produkte zu erklären. Ihre Kunden werden Sie dafür lieben!

#2 Hallo Sie, das sind wir!

Es gibt Firmen, die punkto Kundenbeziehung auf die hemdsärmelige Du-Anrede setzen. Wenn das als seriöser empfundene Sie besser zu Ihrer Firma passt, haben Sie vor allem durch Content Marketing andere Möglichkeiten, herzlich und freundschaftlich und vor allem verbindlich anzukommen. Sie präsentieren beispielsweise die Menschen in Ihrer Firma – das schafft Kundennähe, denn nun ist klar, wer Produzent oder Ansprechpartner ist. Zeigen Sie Ihre Mitarbeiter auch als Nutzer Ihrer Produkte – oder würden Sie beim Fleischhauer einkaufen, der seine eigene Wurst nicht isst?

#3 Sprechen wir doch miteinander

Über Content Marketing – vor allem in Internet – ist der Dialog mit Ihrer Zielgruppe leicht. Wichtige und wertvolle Informationen über Produktzufriedenheit, Verbesserungswünsche oder sogar -ideen, Kaufmotive und mehr lassen sich auf direktem Weg einholen, und Sie können sofort darauf reagieren. Ihre Kundschaft fühlt sich ernst genommen, und deren Input ist für Sie ein wichtiger Teil der Marktforschung.

#4 Unser Kundenmagazin, unsere Website, unser Blog …

Ihre Website ist Facebook, Ihre Werbeplattform eine Kooperation mit der Regionalzeitung? Doch was, wenn wegen geänderter Facebook-Algorithmen nur noch ein Bruchteil Ihrer News-Posts bei den Fans ankommt oder die Regionalzeitung einen attraktiveren Kooperationspartner gefunden hat? Mit Content Marketing haben Sie Ihre eigene Plattform – und damit die vollständige Kontrolle über all Ihre Inhalte und Daten.

#5 Image – „nahbar" und echt

Content Marketing – egal, ob nun als Printmagazin oder als Blog im Internet – beeinflusst das Image Ihres Unternehmens. Sie brauchen keine Werbemärchen zu erzählen, wenn Ihr Kundenmagazin mit journalistischer Kompetenz erstellt wurde. Sie präsentieren Ihr Unternehmen positiv und „nahbar" in der Öffentlichkeit, zeigen, wofür die Firma steht.

#6 Hohe Glaubwürdigkeit

Prospekt, Broschüre, Add-on, Pop-up, Inserat: All das wird als Werbung aufgenommen. Weil es Werbung ist! Reportagen, Berichte, Experteninterviews, Hintergrundinformationen: In professioneller journalistischer Qualität werden diese Formen der Kundenkommunikation als seriös und glaubwürdig wahrgenommen, weil sie keine Verschönerungsformen und Scheinwelten brauchen. Sie zeigen und sprechen an, was Sache ist.

#7 Spaß verbindet

Unterhaltsame Inhalte schaffen gute Gefühle, gemeinsam zu lachen ist Gold wert. Viele unterhaltsame journalistische Formen funktionieren wegen der technischen Voraussetzungen im Internet ganz wunderbar, weil sie für die User einfach und schnell mit ein paar Klicks umsetzbar sind: Tests, Gewinnspiele, Umfragen, Fotostrecken, Rätsel. Das ist Augen-, Hirn- und Seelenfutter – und wer sich gut unterhalten fühlt, kommt wieder!

#8 Ihr Produkt lebt

Sie verkaufen landwirtschaftliche Maschinen? Stellen Sie einen bäuerlichen Betrieb vor und lassen Sie die Familienmitglieder sprechen: vom Enkerl bis zur Oma. Deren Beziehung zu den alltäglichen Arbeitsgeräten wird Ihrem Produkt ganz automatisch Leben einhauchen – und garantiert für Ihr Unternehmen sprechen.

#9 Storymarketing

Alle haben Geschichten zu erzählen und alle lieben Geschichten! Mit Content Marketing haben Sie die Möglichkeit, Ihre Storys unter die Leute zu bringen. Sobald Ihre Geschichte ein Herz erreicht und weitererzählt, geteilt wird, haben Sie gewonnen: noch mehr Herzen! Und wir können Sie beruhigen, es geht nicht darum, Storys zu erfinden und Märchen zu erzählen, denn Sie wissen ja: Die besten Geschichten schreibt das Leben.

#10 Günstiger als Mailings

In einem Mailing kann meist nur ein Angebot präsentiert werden. Es wird von der Kundschaft „überflogen" beziehungsweise (im Internet) „gescannt". In einem Online- oder auch Print-Kundenmagazin können Sie mehrere Themen gleichzeitig präsentieren. Ihre Zielgruppe sucht sich das für sie gerade relevante Thema heraus und nimmt sich in der Regel mehr Zeit für den Medienkonsum. Vor allem Gedrucktes bleibt auf dem Wohnzimmertisch liegen und wird mehrfach in die Hand genommen. Denn ein professionell gemachtes Magazin lädt zum Verweilen ein.

#11 Vertrauen in Profis schafft Kundenbindung

Mit Content Marketing können und sollen Sie Kompetenz zeigen und beweisen, dass Sie Experten in Ihrer Branche sind! Sie wissen, wovon Sie reden, und sobald Menschen spüren, dass es Ihnen nicht nur um schnelles Geld geht, sondern um Kundenzufriedenheit, entsteht großes Vertrauen. Dieses ist die beste Basis für langfristige Kundenbindung – ein seltenes Gut im gegenwärtigen Geschäftsleben. ∎

Wenn die Oper auf der Seife steht – ein nostalgischer Ausflug

Was ist der gemeinsame Nenner eines kernigen Bauernmagazins, raffinierter Backtipps und hochdramatischer TV-Seifenopern? Und was, zum roten Stier, hat ein amerikanischer Hufschmied damit zu tun?

Was sich heute dank der digitalen Revolution auf ein extrem breites Medienspielfeld ausdehrt, war vor mehr als hundert Jahren eine schwierige Aufgabe: Kunden zu erreichen war in der Zeit vor den Massenmedien kein leichtes Unterfangen – und bevor Sie seufzend entgegnen: „Heute auch nicht mehr", wollen wir Sie in eine Zeit entführen, in der die Stichworte Werbeflut, Informations- und Reizüberflutung noch nicht das Licht der Welt erblickt hatten.

Ein findiger Hufschmied aus Illinois entwickelte 1837 einen selbstreinigenden Stahlpflug und ging mit seinem Namen John Deere in die Geschichte ein. Denn seine Erfindung war der Startschuss für ein Landmaschinenunternehmen, das bis heute Landwirten auf der ganzen Welt das Leben erleichtert. Sein Sohn Charles übernahm die Firma, behielt den Namen des Vaters als Firmennamen und war außerdem mit dessen unternehmerischer Kreativität gesegnet. Charles veröffentlichte 1895 mit „The Furrow", die Furche, ein Printmagazin für seine Kunden, die dort hilfreiche Tipps und Tricks für ihre tägliche harte Arbeit fanden. „The Furrow" gilt heute als das erste Beispiel von Content Marketing – und nicht nur dieser Tatsache zollen wir höchsten Respekt. Das Magazin gibt es, wie bekanntlich auch das Unternehmen, nach wie vor, und selbstverständlich, möchte man meinen, ist es immer mit der Zeit gegangen: Auf johndeerefurrow.com finden Bauern (laut Wikipedia 1,5 Millionen Menschen in 40 Ländern) auch im 21. Jahrhundert Lifehacks, unzählige gute Tipps und vor allem wundervolle Storys mit und über Landwirte, die aus ihrem Leben und über ihre Arbeit erzählen.

Kennen Sie Dr. August Oetker?

Kundenbindung und Mundpropaganda waren damals und sind heute noch extrem wichtige Faktoren für unternehmerischen Erfolg und Content Marketing war und ist ein Weg dorthin, den Menschen gerne mitgehen. Der Vorteil, den alle daraus ziehen, ist unübersehbar, weshalb sich die Liste erfolgreicher historischer Beispiele rasch fortführen lässt, denn sicher kennen Sie: Dr. Oetker und sein Reich der kulinarischen (Fast-Food-)Freuden! Der deutsche Apotheker Dr. August Oetker entwickelte Ende des 19. Jahrhunderts Backin, das Backpulver für den garantiert flaumigen Backerfolg. Der promovierte Botaniker war auch ein exzellenter Werber und

Marketer, denn nicht nur sein Firmenmotto, Produkte „für helle Köpfe", das nach wie vor im Logo als weiße Silhouette eines Frauenkopfs wiedererkennbar ist, sondern auch sein Einsatz von Content Marketing ist heute noch aktuell: Er druckte 1891 auf die Rückseite der Backpulver-Päckchen Rezepte und schuf damit relevanten Content für Backfans. Vier Jahre später erschien sein Buch „Dr. Oetkers Grundlehren der Kochkunst sowie preisgekrönte Rezepte für Haus und Küche", selbstverständlich mit Dr.-Oetker-Produkten in den Zutatenlisten der Rezepte. 1910 sicherte er sich sogar mit einem Werbetrickfilm in den Kinos die Aufmerksamkeit der Menschen und erreichte damit ein großes Publikum – ohne lästige oder lächerliche Werbesprüche.

In die gleiche Kerbe schlug Anfang des 20. Jahrhunderts der Amerikaner Francis Woodward mit seinen „Jell-O"-Gelatine-Nachspeisen (heute Mondelēz): Er ließ Gratis-Rezepthefte drucken und jedem Einwanderer auf Ellis Island wurde bei der Ankunft ein Förmchen mit „Jell-O" geschenkt.

Haben Sie immer schon das Michelin-Reifenmännchen mit den Restaurantsternen in Verbindung gebracht? Dann sind Sie auf dem richtigen Weg, denn der „Guide Michelin" entstand im Jahre 1900 vom Reifenhersteller für französische Autofahrer (damals nicht ganz 3.000 an der Zahl) und erschien in erster Linie als Werkstättenführer inklusive Tipps fürs Reifenwechseln und für lohnende Labestationen unterwegs. Letztere entwickelten sich weiter zu Reisetipps mit Hotel- und Restaurantkritiken, die kostenfrei unter der Michelin-Marke erhältlich waren. Ab 1920 war der Guide Michelin kostenpflichtig (Preis laut Wikipedia: sieben Francs) und seit 1923 werden Sterne für die Qualität der „Labestationen" vergeben.

Moderne Medien erweiterten den Einsatz des Content Marketings: Um 1920 begann das große Einzelhandelsunternehmen und Versandhandel WLS (World Largest Store) in Chicago, Sendezeit im Radio zu kaufen, um die Leute am Land zu erreichen. Daraus entstand 1924 ein eigener Radiosender, der heute noch als 89 WLS ausgestrahlt wird.

Wie die Soap Opera zu ihrem Namen kam ...

Nicht nur die Ohren, sondern auch die Herzen der Menschen wollte einige Zeit später, nämlich in den 1930er-Jahren, der Waschmittelhersteller Procter & Gamble erreichen. Er produzierte eigene Herzschmerz-Geschichten für das Radio und erreichte damit ein Millionenpublikum – die Soap Opera war geboren! Das Geschäft lief wie geschmiert und deshalb folgten in den 50er-Jahren Soap Operas fürs amerikanische Fernsehen. Der Rest ist Geschichte – und fesselt unter diesem Genrenamen noch heute die Masse.

Viele faszinierende Beispiele folgten: Neben dem 20-seitigen Büchlein „Jogging" (1966) vom Kardiologen Waldo Harris und Nike-Gründer Bill Bowermann mit Gesundheits- und Sporttipps, das der Firma Nike einen Riesenerfolg bescherte, machte Coca-Cola ebenso mit „CocaCola 2020" Furore und der österreichische Content-Marketing-Riese Red Bull zeigt schon längst, in welche lichten Höhen sich die Geschichten rund um eine Limonade ranken können. Red Bull Stratos sei Dank. ∎

GASTBEITRAG

Scheinheiligkeit: der wahre Tod des Journalismus

**Teufelswerk sei Content Marketing, Wegbereiter des radikalen Populismus, Killer des aufrechten, kritischen Journalismus. Was in der Debatte um inhaltsgetriebene Marketingformate gerne übersehen wird: Nicht Content Marketing trägt den Journalismus zu Grabe. Sondern Scheinheiligkeit. Ein Plädoyer für Haltung.
Von Christian Fill**

Bullshit sei das, höhnte einst Amir Kassaei, internationaler Kreativchef der Werbeagentur DDB, das gehe schnell vorbei. Gemeint war Content Marketing.

Doch es ging nicht vorbei. Die Begriffskombination „Content Marketing" machte eine unvergleichliche Medienkarriere, avancierte innerhalb weniger Jahre vom Underdog über den Heilsbringer zum Todesboten.

Underdog, weil sich die Vertreter althergebrachter Marketingdisziplinen damit schwertaten, dass diese unterschätzten, ungewohnten Inhalte, lange Formate gar, das bisherige Werbeverhalten völlig umkrempeln könnten.

Heilsbringer deshalb, weil sich Werber wie Verlage Hoffnung und Rettung von der neuen Marketingdisziplin versprachen, als sie erkannten, dass sie wegbrechende Werbevolumina mit Content Marketing auffangen und zurückholen konnten. „Ich mache was mit Content" ersetzte „Ich mache was mit Medien" und garantiert seither Aufmerksamkeit, Reichweite, Umsatz. Der Markt für Content Marketing im Raum DACH ist heute knapp sieben Milliarden Euro groß. Was ungefähr 14 Prozent der Gesamtwerbespendings ausmacht.

Und nun wird Content Marketing für manche zum Symbol des medialen grimmigen Schnitters, der den kritischen Journalismus hinwegsenst.

**DER AUTOR
DR. CHRISTIAN FILL**

Geschäftsführender Gesellschafter der Content-Marketing-Agentur Profilwerkstatt. Der promovierte Ingenieur besitzt langjährige Erfahrung als Chefredakteur, Verlagsleiter und Geschäftsführer bei Publishern wie der Verlagsgruppe Handelsblatt oder Hubert Burda Media. Er ist stellvertretender Vorsitzender des Content Marketing Forums, Europas größten Verbands für Content Marketing.

Leuchtende Beispiele der Scheinheiligkeit

Ein Medienkommentar schlug Anfang 2017 hohe Wellen. Dr. Hans-Peter Siebenhaar, Österreich-korrespondent des „Handelsblatts", setzte sich als „Der Medien-Kommissar" in seiner Kolumne für das angesehene Wirtschaftsblatt kritisch mit Content Marketing auseinander. Siebenhaar nahm inhaltsgetriebene Werbeformate in die Mitverantwortung für politische Radikalisierung und für Populismus.

Weil Content Marketing den kritischen Journalismus kille.

Das ist absurd.

Scheinheiligkeit killt kritischen Journalismus. Killt jeden Journalismus. Nicht Content Marketing.

Scheinheilig – und damit mörderisch – wäre es, wenn Unternehmen, Verlage und Agenturen journalistische Medien herstellten und nicht verrieten, dass hier unternehmerische Interessen die Feder führten und nicht Unabhängigkeit.

Sehr früh hat der Burda-Verlag für Heimlichkeiten Lehrgeld bezahlt. Im Jahr 2007 kaufte sich der badisch-bayerische Großverlag in den mit Verve und Engagement betriebenen Modeblog „Les Mads" ein. Die Bloggerinnen (übrigens ohne journalistische Ausbildung) wurden von Burda bezahlt. Ein Verweis im Impressum? Hinweise im Blog selbst? Fehlanzeige.

Gut gemeint. Strategisch ein Desaster. Denn die Fashion-Kompetenz des Burda-Imperiums sollte mit einem modernen Medium und der unverbrauchten Herangehensweise junger Shootingstars kombiniert werden. Besser: Mit der Beteiligung an „Les Mads" wurde versucht, Mediengelder der Modeschaffenden einem neuen Umfeld zuzuführen.

Die Modebranche war verwundert; Branchenkenner erinnern sich noch gut daran, dass man sich fragte, „woher die beiden Frauen mit dem Greenhorn-Charme plötzlich das Geld hatten, um auf den Fashion Weeks in aller Welt unterwegs zu sein". Eines Tags kam es, wie es kommen musste – das verheimlichte Backing durch Burdas Finanzen kam ans Tageslicht. Die Modeschaffenden empörten sich in angemessener Kürze, aber Heftigkeit, und gingen dann zum Tagesgeschäft über.

Was Siebenhaars Vorwürfe nährt, ist, dass es bis heute eklatante Fälle vergleichbarer Scheinheiligkeit gibt. „Curved" wird von unerfahrenen Branchenmitgliedern gerne als leuchtendes Beispiel des Content Marketings angeführt. Das Portal, das scheinbar unabhängig Telekommunikations-technologie bewertet, ist aber gerade eins nicht: ein leuchtendes Beispiel, zumindest für gutes Content Marketing. Es hilft nichts, wenn Télefonica, der Mobilfunkanbieter, immer wieder darauf verweist, dass „Curved" ein Portal der Agentur SinnerSchrader sei. Der offene, unübersehbare Hinweis fehlt, dass Télefonica der Geldgeber des Portals ist (es sei denn, der geneigte User macht sich die Mühe, scrollt und scrollt und scrollt bis ans Ende der Seite und konsultiert das Impressum).

Das Beispiel macht auch noch Schule – Springers Bild Brand Studios rühmten sich erst im März 2017 auf einer großen Content-Marketing-Veranstaltung, dass sie ein Portal für die Telekom konzipierten, „wie ‚Curved'". Bei dem man gar nicht sehe, dass der deutsche Festnetz- und Mobilfunkkonzern dahinterstecke.

So ein Vorgehen ist kontraproduktiv, das ist schädlich. Das untergräbt Content Marketing und Journalismus gleichermaßen.

Im Kern die Haltung

Dabei ist Scheinheiligkeit wie diese am allerwenigsten im echten Content Marketing anzutreffen. Nachgerade widersinnig wäre es, würden Auftraggeber gezielt ihre Absenderadresse der Magazine, Newsletter, Websites, Videos verheimlichen. Wie könnten die Unternehmen sonst mit Inhalten für sich Marketing machen, für ihre Ziele, ihre Werte, ihr Portfolio?

Auch die mehr als 100 Agenturen, die sich in Deutschland, Österreich und der Schweiz zum Content Marketing Forum zusammengeschlossen haben, nennen Ross und Reiter – und nennen insbesondere ihre Auftraggeber. Die Vertreter dieser Agenturen berufen sich auf journalistisches Handwerkszeug, das den Kern von gutem Content Marketing und dessen Werkzeug Storytelling ausmacht: auf Recherche, Gegenrecherche und belastbare Quellen; auf authentische Geschichten mit hohem Berichts- und Nachrichtenwert. Da gibt es keinen, der sich nicht bemühen würde, zu hinterfragen, zu bewerten, einzuordnen, eben gerade weil er für Unternehmen arbeitet. Der sich nicht offen zur Definition des Content Marketing Forums bekennen würde: „Content Marketing ist eine Disziplin im Marketing, die strategische Unternehmensziele mit redaktionellen Inhalten vorantreibt. Diese Inhalte entfalten auf allen eingesetzten Kanälen eine messbare Wirkung."

Diese Definition von Content Marketing ist vielmehr eine Haltung. Man kann sie mögen oder nicht, aber immerhin, es gibt sie, und sie gibt einer ganzen Branche Halt, Orientierung, Einordnung.

Haltung eben.

Eine Haltung, wie sie jedes Unternehmensmedium braucht, wie jedes Medium am Kiosk und im Web. Generell gilt: Medien brauchen Werte, für die sie eintreten; Positionen, die sie vermitteln.

Parallel zum Burda-Engagement bei „Les Mads" etwa startete der von Otto finanzierte Mode- und Lifestyleblog „Two for Fashion", mit vergleichbarer Zielsetzung und von einer Content-Agentur gesteuert. Von Anfang an war der Versand-Gigant als Absender auf der Startseite präsent.

Oder Edeka – der Lebensmitteleinzelhändler nimmt seinen Claim „Wir lieben Lebensmittel" sehr ernst. Er zieht seine – etwas teurere – Wertschätzung für hochwertige Lebensmittel in seiner Content-Strategie konsequent durch; das Magazin „Mit Liebe" lässt gerade in Deutschland die Reichweiten von Kiosk-Foodtiteln weit hinter sich.

Es gibt noch eine ganze Reihe von Content-Marketing-Publikationen, die sich das offene Visier in die Statuten geschrieben haben. International mit Preisen überschüttete Publikationen wie „1890" der Allianz oder Haniels „Enkelfähig", sogar Saturns Verkaufsmaschine „Turn On", aber auch ein richtungsweisendes Technologiemagazin wie Freudenbergs „Essential" zeigen es: Haltung macht erfolgreich. Für Scheinheiligkeit ist kein Platz.

Ein echoreiches Missverständnis

Am Erfolg durch Content Marketing wollen viele partizipieren. Die Unternehmen, die Agenturen. Und die Verlage, natürlich, die auch. Siehe Burdas Gehversuche bei „Les Mads". Verlockend sind die Reize der scheinbar neuen Marketingdisziplin. Ja, nur scheinbar neu. Tatsächlich hat „Content Marketing" längst die Volljährigkeit gefeiert; so alt ist der Begriff schon, auch als Synonym zu Custom oder Corporate Publishing. Dabei ist der Kern dieses journalistischen Tuns weitaus älter: Kunden- und Unternehmensmagazine gibt es mindestens seit der Renaissance. Die Fuggerzeitungen sind nur ein Beispiel dafür.

Der „Teifl" hat's auch nicht gebracht, obwohl der deutlich älter wäre – wurde aber als Urheber des unglückseligen Treibens von Johannes Vetter identifiziert. Vetter, erfahrener Agentur-Mann und jetzt Kommunikationschef im österreichischen Kanzleramt, strafte in einem Interview im österreichischen „Standard" das Marketing mit Inhalten als diabolisches Machwerk ab. Überflüssig, dass er in ein wohlbekanntes Lamento einstimmte – dass Einsparzwänge die Verlage unter Druck setzten, dass dies eine Lücke aufreiße, in die Content Marketing vorstoße. Seine Unterstellung allein stimmt schon nachdenklich, dass mephistophelisch den unterbesetzten Redaktionen Kommunikationslösungen aus einer Hand angeboten werden, vom Video- bis zum Werbematerial.

Gerade das ist aber Content Marketing nicht. Das ist Content-Manipulation.

Diesem Missverständnis ist es leider geschuldet, dass Teufels Werk und Vetters Beitrag es in die verschiedensten Medienressorts der überregionalen Magazine und Zeitungen geschafft haben. Zuletzt in die „BrandEins", Ausgabe 02/2017, Schwerpunkt Marketing. Wolf Lotter, Journalist und Dauer-Starautor im renommierten Hamburger Wirtschaftsmagazin, nennt Vetter als einen Zeitzeugen für die Unterstellung, dass Content Marketing die programmatische Tatabsicht habe, Menschen über die wahren Absichten einer Nachricht im Unklaren zu lassen.

Pikant dabei: Nur kurz nach Erscheinen der „BrandEins" Ende Januar 2017 wurden in New York die Mercury Awards verliehen – eine internationale Content-Marketing-Auszeichnung. Unter anderem gingen Honors an die OMV; nicht zum ersten Mal und diesmal für die eingereichte Mitarbeiterpublikation. Verantwortlich dafür: Johannes Vetter in seiner damaligen Funktion als Kommunikationschef des österreichischen Energiekonzerns OMV.

Noch pikanter: Hätte es vor rund 15 Jahren die Kooperation von „BrandEins" und der Unternehmensberatung McKinsey nicht gegeben, würde der Wirtschaftsverlag, der „BrandEins" herausgibt, heute wahrscheinlich nicht existieren. „McK Wissen", das Ergebnis dieser Zusammenarbeit, war ein journalistisch wie gestalterisch herausragend gemachtes Magazin – aber genau das, was heute als Content Marketing bezeichnet wird. Finanziell war es ein warmer Regen für das damals noch junge Verlagspflänzchen von Gabriele Fischer. Die, das muss man ihr lassen, nie die Interessen von „BrandEins" und „McK Wissen" vermischte. Eine Journalistin mit Haltung eben.

Fruchtbarer Boden bereitet

Gerade wenn es mal nicht so läuft, ist Haltung für Medienschaffende wichtiger denn je. Als „BrandEins" einst an den Start ging, war die Medienbranche von einem fundamentalen Ereignis erschüttert: Die New Economy implodierte, saugte Unmengen an Werbespendings aus dem Markt. Verlage und Medienhäuser reagierten schnell; es gab einen Sommer, in dem geschätzte 400 Journalisten, CvDs, Designer arbeitslos wurden; manche nur wenige Monate nachdem sie für Mondhonorare angeworben worden waren.

Viele der beruflich Vertriebenen stellten ihr Talent in den Dienst von Unternehmen; als Einzelkämpfer, als Redaktionsbüros oder eben als Mitarbeiter von Agenturen. Sie bereiteten einen fruchtbaren Boden; experimentierten im Crossmedialen; freier und digitaler, als es die ehemaligen Verlagsarbeitgeber je zugelassen hätten. Je mehr Erfolg sie hatten, umso größer wurde die Aufmerksamkeit aufseiten der Verlage und umso stärker die Erkenntnis, das Geschäft mit dem Content doch ernst zu nehmen.

Was Medienhäuser bis heute immer bereitwilliger tun. Verlage sind nicht nur ein Quell der visuellen Kreativität und der verbalen Qualität, sondern auch Wirtschaftsunternehmen, die sich nach neuen Erlösmodellen umsehen müssen, wenn alte versagen. Wenn alles Kürzen, Umstrukturieren, Zusammenlegen, Einstellen, Einsparen nicht mehr hilft, ist es legitim, sich einem gut funktionierenden Geschäftsmodell zuzuwenden. Wird dann etwa ein bestehendes Titelportfolio konsequent als mediale Plattform für E-Commerce ausgerichtet, Meredith MXM hat es in den USA vorgemacht, ist es ungefährlich und ehrlich – wenn dabei das Visier offen bleibt.

Niemand kann dem allen Ernstes Beihilfe zu Populismus und politischer Radikalisierung unterstellen. Auch „Medienkommissar" Siebenhaar nicht. Schließlich weiß Siebenhaars Arbeitgeber selbst um die Möglichkeiten, die Content Marketing eröffnet. Hat das „Handelsblatt" nicht erst im vergangenen Jahr, also 2016, drei Tochterunternehmen zu einer Content-Marketing-Agentur zusammengeschmiedet, um aufzuschließen zu den Konstrukten der umsatzmäßig riesigen Töchter von Burda und Gruner + Jahr?

„Planet C" nennt sich der „Handelsblatt"-Ableger selbstbewusst. Er wirbt für sich mit dem Claim „Corporate Content by Handelsblatt Media Group" und soll sogar das persönliche Interesse von Gabor Steingart genießen. Das Selbstbewusstsein haben sich viele der altgedienten Kollegen in der neuen „Planet C" in anderthalb Jahrzehnten hart erarbeitet. Manche der von ihnen hergestellten Medien gelten zu Recht im politischen und Wirtschaftsjournalismus als beispielgebend. Weil sie eine Haltung vermitteln.

Haltung hat dabei nichts mit Hacken zusammenknallen zu tun – sie kann politisch sein, muss es aber nicht. Sie ist vielmehr eine Geisteshaltung, eine dauerhafte Position, ein grundsätzliches Verhalten – was Haltung von einer Einstellung unterscheidet, die schon mal wechseln kann. Haltung schafft mit relevanten Inhalten beim Rezipienten Glaubwürdigkeit. Glaubwürdigkeit führt unweigerlich zu Resonanz. Und das ist es, was wir alle wollen.

Wir Journalisten im Content Marketing jedenfalls werden weiterhin das tun, was wir unserem Beruf, unserer Branche, unseren Kollegen und unseren Kunden schuldig sind:
berichten, einordnen, bewerten. Orientierung geben.

Und für unsere Haltung einstehen. ■

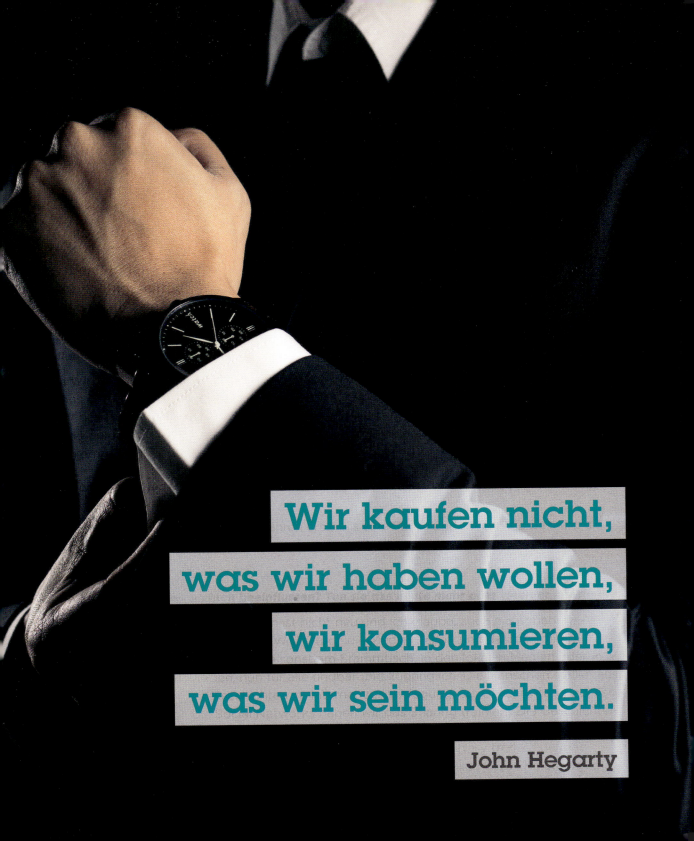

7 Bausteine für erfolgreiches Content Marketing

Neue Medien, neue Zielgruppen, neue Wordings – manches beim Content Marketing klingt kompliziert. Ist es aber nicht, wenn man einige Grundregeln beachtet. Hier die sieben Bausteine für gelungenes Content Marketing. Aus der Praxis für die Praxis.

#1 Bogenschießen

Wenn es um das Thema Ziele geht, werden gerne fernöstliche Philosophien bemüht, Manager zum Bogenschießen aufs Land geschickt oder mit Zen-Meditation „bedroht". Das gilt auch, wenn es um das Thema Content Marketing geht! Nicht „The Next Big Thing", sondern „Now the Wow" – wenn alles stimmt, was seitenweise darüber geschrieben wird, kann Content Marketing ganz schön kompliziert und auf jeden Fall teuer werden. Kann es, muss es aber nicht. Denn schließlich geht es nur um eines – um Kommunikation, um BESSERE Kommunikation. Deshalb stellen Sie sich gleich zu Anfang die Sinnfrage, sonst klopft sie immer wieder lästig an: Was wollen wir mit Content-Marketing-Maßnahmen für das Unternehmen erreichen? Denken Sie nicht zu klein und nicht zu groß und lassen Sie die Kirche im Dorf. Professionelle Begleiter wie Agenturen und Verlage können mit ihrer Erfahrung bei den Antworten helfen. Und vor allem machen Sie etwas Wichtiges gleich zu Beginn: Trommeln Sie Entscheidungsträger und Mitstreiter aus verschiedenen Bereichen des Unternehmens zusammen und beginnen Sie erst einmal, intern zu kommunizieren, machen Sie neugierig. So können in der Folge alle an einem Strang ziehen und niemand fühlt sich von einem „modischen Trend, den niemand braucht", überrollt.

„Erst muss die Zielgruppe bestimmt werden. Dann kann man daraus ableiten, welche Informationsbedürfnisse bestehen."
Harald Kopeter

#2 Was wollen die da draußen?

Geschichten erzählen, was das Zeug hält! Für jeden etwas anbieten. So lautet ein Mantra des Content Marketings. Aber warum sollten Sie plötzlich allen möglichen Menschen Storys reindrücken und ziel(-gruppen-)los drauflostexten? Nehmen wir an, dass Sie die Zielgruppe kennen, die Sie ansprechen wollen – vielleicht stellt sich auch die Frage, ob Sie neue Zielgruppen für Ihre Sache gewinnen wollen. Jetzt ist es an der Zeit, all das auf den Tisch zu legen!

„Alle diese strategischen Kernfragen kosten massiv Geld, wenn sie nicht bereits zu Beginn geklärt werden", weiß Harald Kopeter. Selbstverständlich gibt es Zweifler in Ihrem Team. „Welche Geschichten wollen wir unseren Landmaschinentechnikern erzählen …?!" „Content Marketing mag ja was für Kreative sein …" – Wir können Sie beruhigen: Geschichten sind quasi in der DNA der Menschen verankert. Jeder springt auf gut aufgebaute Storys auf, auch gute Werbung erzählt eine Geschichte in knapper Form. Content Marketing liefert dazu auch noch eine Menge Zusatznutzen frei Haus. „Es geht darum, herauszufinden, wer Ihre Zielgruppe ist, und davon abzuleiten, welche Interessen und Informationsbedürfnisse bestehen", betont Kopeter.

#3 Online, offline, what line?

Eine Zeit lang wurde Content Marketing vor allem für digitale Kanäle gedacht. Mittlerweile hat sich der Begriff für die Summe aller auf Content bezogenen Marketingmaßnahmen – egal welche Kanäle, egal ob Print oder Online – durchgesetzt. Eine wichtige Feststellung, damit alle wissen, wovon die Rede ist. Holen Sie alle ins Boot, von der Pressestelle über die Geschäftsführung und den Verkauf bis hin zur internen Kommunikation, und denken Sie gemeinsam über die Agentur oder den Verlag nach, die Ihnen beim Erreichen Ihres Ziels tatkräftig zur Seite stehen sollen. Die spannende Aufgabe ist, die Medien und die Plattformen zu bestimmen, in/auf denen die Storys wirken sollen, wobei Profis wertvolle Hilfestellung leisten können.

Zuerst sollte man Inventur machen und überlegen, wo das Unternehmen bereits kommuniziert. Auch wenn es verlockend ist, sich schnell mit neuen Ideen zu befassen, ist hier Disziplin gefragt: Schließlich geht es darum, herauszufinden, wo bereits Geld investiert wird. Manchmal werden dadurch tief vergrabene Goldstücke an die Oberfläche geholt, die niemand bemerkt (die aber natürlich Ressourcen verschlungen haben). Weil Infos am falschen Ort waren, weil das „Wie" der Kommunikation nicht an veränderte Strukturen angepasst war …

Wurde der Ist-Zustand erhoben, können Sie mit der Agentur Ihres Vertrauens mit einer Content-Marketing-Strategie starten. Geht es nur um eine bestimmte Content-Marketing-Maßnahme, zum Beispiel ein Printmagazin für Kunden, dann legen Sie gleich los. Auf jeden Fall sollte aber das große Ganze im Auge behalten werden. Denn auch hier lügen die Zahlen – und das Zahlen! – nie, dabei kann man mitunter Ressourcen einsparen. Möglicherweise war Ihre Zielgruppe vor fünf Jahren auf Facebook umtriebig, ist aber längst auf andere Kanäle umgestiegen.

#4 Bitte besser briefen!

Für ein optimales Ergebnis ist es notwendig, wichtige Fragen im Vorfeld mit Ihrem Dienstleister zu klären. Stecken Sie vor dem Briefingtermin Eckdaten des Projekts genau ab. Budgetrahmen, Zielgruppe, welche Art des Mediums, Erscheinungsweise … Es muss noch nichts entschieden sein, aber eine gute Vorbereitung ist ein wichtiger Erfolgsbaustein. „Füttern" Sie die Agentur mit vielen Informationen über Ihr Unternehmen und Ihre Ziele. Wofür steht das Unternehmen? Was davon soll transportiert werden? Manchmal weiß man vor allem, wie das Ergebnis NICHT aussehen soll. Auch das ist hilfreich! So kann man gemeinsam den richtigen Weg herausfinden. Die Möglichkeiten sind vielfältig: Unterhaltung, Wissensvermittlung, Hintergrundinfos, Expertenforen, Interviews, Reportagen und mehr! Klären Sie im Unternehmen mit den wichtigsten Entscheidern, wie Ihr Content-Marketing-Produkt aufgestellt sein soll: welche Beiträge direkt aus der Firma kommen, bei welchen Inhalten Sie auf die Textsicherheit von Profis vertrauen. Können Sie Foto- oder Videomaterial in guter Qualität zur Verfügung stellen oder ist hier Hilfe gefragt?

#5 Jetzt geht's ans Eingemachte

Was Content Marketing zur richtig großen Sache macht, ist der Nutzen für die Zielgruppe. Storytelling? Ein Muss, aber es geht hier nicht um „Feel-Well-Image-Gschichterln", sondern um Inhalte, die Ihre Zielgruppe deshalb beachtet, weil sie einen unmittelbaren Nutzen daraus zieht. Diese komplexe Aufgabe verlangt fundiertes journalistisches Wissen, Kreativität, Wortgewandtheit, Offenheit und Interesse für eine Vielfalt an Themen und am besten viel Erfahrung. Denn die Zielgruppe will Content vorfinden, der nicht nach Werbung schmeckt, sondern handfest recherchiert wurde. Sie will Information, die in verschiedensten journalistischen Formen nicht nur überzeugend und professionell beim Rezipienten landet, sondern auch Fachwissen transportiert. All das stärkt letztendlich das Vertrauen in Ihre Firma.

Gut, wenn Sie schon bestimmte Pläne haben, seien Sie aber auch offen für neue Anregungen, die den Bedürfnissen Ihrer Zielgruppe entgegenkommen. Es ist zum Beispiel manchmal notwendig, die Verwendung eines Produkts zu erklären, aber statt der üblichen Gebrauchsanweisung ist es auch möglich, einen Kunden in einem Interview oder einer Reportage erzählen zu lassen, wie er mit dem Produkt zurechtkommt und welche Erfahrungen er damit gemacht hat.

#6 Fachleute vor, noch ein Tor

Keine Angst vor dem Elfmeter: Ein unschlagbarer Vorteil bei Content Marketing ist die Möglichkeit, die Profis in den eigenen Reihen aufs Spielfeld zu holen. Jedes Firmen-Know-how ist einzigartig, Sie haben Fachleute, die Ihrer Kundschaft so richtig viel zu erzählen haben. Bescheiden war gestern – hier gilt es, die hohe Kompetenz zu präsentieren, denn sie bürgt ja auch für den hohen Nutzen! Ihre Zielgruppe bekommt Hintergrundinfos – Wissen, das richtig in die Tiefe gehen darf –, sie erfährt von Dingen, die sich normalerweise hinter Produktionskulissen abspielen. Es geht nicht um die Offenbarung von Betriebsgeheimnissen, sondern um seltene Einblicke. Da der Mensch von Natur aus neugierig ist, wird er dankbar sein und seine Verbindung zum Unternehmen wird stärker, das Vertrauen in die Produkte wächst. Schließlich haben die meisten Menschen bei vielen Gegenständen des täglichen Gebrauchs keine Ahnung mehr, wie sie erzeugt werden. Dieser Blick hinter Kulissen stellt eine neue Beziehung her.

#7 Die verflixten Sieben

Sie bekommen langsam eine Vorstellung von Content Marketing? Gut, wenn das große Ganze stimmt, aber auch über Kleinigkeiten kann man schmerzvoll und teuer stolpern, denn: Die Tücke liegt im Detail. Die Content-Marketing-Strategie für Ihre Zielgruppe ist erstellt, das CM-Produkt darauf zugeschnitten – aber wissen Sie, wer Ihre Bemühungen am kritischsten beäugen wird? Ihre Mitbewerber. Seien Sie deshalb genau mit Zahlen und Fakten, bleiben Sie bei der Wahrheit, auch wenn man manchmal versucht ist, Tatsachen ein bisschen geschönt wiederzugeben. Oft werden solche Vergehen von Mitbewerbern schonungslos aufgedeckt und verbreitet, auch fachliche Ungenauigkeiten machen schnell die Runde. Wer sich in der Öffentlichkeit zeigt, bietet immer auch eine größere Angriffsfläche.

Seien Sie auch im Umgang mit urheberrechtlich geschützten Bildern achtsam. Halten Sie vereinbarte Lizenzumfänge ein und schreiben Sie korrekte Bildcredits. Hier ist die Zusammenarbeit mit seriösen Bildanbietern Gold wert, das erspart möglichen Ärger.

Achtung: Viele Menschen schenken der Rechtschreibung erst dann Beachtung, wenn andere Fehler machen. Tippfehler werfen ganz schnell ein unprofessionelles Licht auf das ganze Unternehmen. Bei Printprodukten ist die Toleranzschwelle der Leserschaft besonders niedrig, aber auch auf Social-Media-Plattformen erwarten sich alle fehlerfreie Posts und selbstverständlich scharfe Bilder. Verwaschene Handy-Pics sind nicht authentisch, sondern einfach nur peinlich.

FAZIT

Erfolgreiches Content Marketing benötigt Expertenwissen, ist aber keine Geheimwissenschaft. Wenn Sie diese sieben Bausteine beherzigen, sind Sie dem Ziel schon sehr nahe. ∎

INTERVIEW

„Done is better than perfect!"

Dies legt Joel Kaczmarek, Herausgeber des Online-Magazins Gründerszene.de, all jenen ans Herz, die Content als Marketingtool für sich entdeckt, mit dessen Umsetzung allerdings noch gewisse Schwierigkeiten haben. Warum Jungunternehmer aber in jedem Fall darauf setzen sollten, und weshalb regionale Unterschiede in der Präsentation durchaus ihre Berechtigung haben, erklärt er im Interview.

Was fällt Ihnen spontan zum Thema Content ein?

Joel Kaczmarek: Es gibt ja den bekannten Ausspruch „Content is King" und ich glaube auch stark daran, dass guter Content die Grundlage jeder guten Medienarbeit bilden sollte. Natürlich gibt es auch die bekannte 80/20-Regel, nach der sich 80 Prozent eines Produkts in 20 Prozent der Zeit erzeugen lassen und dass die restlichen 20 Prozent dann die verbleibende Zeit erfordern. Aber nach meiner Erfahrung sind die oberen, qualitativen Prozente eine wertvolle Komponente, wenn es um Content geht. Sie bilden den Qualitätskern einer Marke und damit lässt sich vielleicht auch der zweite Teil der Frage beantworten: Auf (hochwertigen) Content sollte gesetzt werden, wenn es um die Positionierung als starke Marke geht.

In Ihrem Buch über die Samwer-Brüder ist von Content nur vereinzelt die Rede – beispielsweise im Rahmen der Kritik am Jamba-Abo-Modell, wobei zum Inhalt hier vom Klingelton bis zum Spiel alles gezählt wird. Kam bzw. kommt Storytelling im Samwer'schen Wortschatz überhaupt vor?

Joel Kaczmarek: Nicht wirklich, vermute ich. Das Samwer-System fußt auf einer stark zahlenbasierten Logik und dem Ziel, möglichst schnell möglichst viel zu wachsen. Content ist dort eher ein Mittel zum Zweck, das auf dem Radar eines Oliver Samwer aber wohl keine große Rolle spielt.

Sie sind Herausgeber von Gründerszene.de, waren davor Chefredakteur des Online-Magazins, welches aus einem Blog hervorgegangen ist. Welchen Zugang hatten Sie damals zum Texten im Internet? Welchen Zugang vertritt Gründerszene.de heute?

Joel Kaczmarek: Als ich bei Gründerszene anfing, war es etwas mehr als ein Hobbyprojekt. Das heißt, es gab eine ausgeprägte Passion für das Thema Unternehmertum, aber eigentlich nur wenige Strukturen und Prozesse. Das Portal zeichnete sich durch eine gewisse Pragmatik aus, zum Beispiel wurden Videointerviews einfach mal beim Essen mit der Handykamera gefilmt und online gestellt. Wir sind dann dazu übergegangen, die Prozesse zu professionalisieren und dem Ganzen einen seriöseren Aufbau zu geben. Die Passion blieb, die Umsetzung wurde sukzessive aufgewertet – zum Beispiel über eine Kamera, dann ein Stativ und schließlich ein schnurloses Mikro :-)). Heute würde ich sagen, dass Gründerszene stark auf Masse setzt, was ich nicht immer erstrebenswert finde. So bietet sich nicht immer die Möglichkeit für hohe Qualität und Tiefe.

Zu den Start-ups: Jedes noch so kleine Unternehmen braucht heute einen Online-Auftritt. Welcher Stellenwert kommt Content(-Management) im Rahmen einer Neugründung zu?

Joel Kaczmarek: Viele Start-ups sehen es wohl als notwendiges Übel. Immerhin fehlt es an allen Ecken und Enden an Zeit und Geld. Ich halte Content aber für ein wichtiges Element der Markenbildung und der eigenen Identität. Es ist Ausdruck der Stimmung und Mentalität, die in einem Unternehmen vorherrschen, und damit eine Visitenkarte an unterschiedlichen Fronten. Viele sehen Content aber wohl vor allem als wichtiges Werkzeug in Sachen SEO. Es täte, glaube ich, oft gut, wenn Start-ups sich mehr über ihre eigene Identität, Strategie und Positionierung Gedanken machen. Das ist ein wichtiger Aspekt, der sich leicht übersehen lässt.

Dürfen SEO-konforme Texte zulasten der Lesbarkeit gehen? Welche Relevanz haben sie konkret?

Joel Kaczmarek: Ich würde sagen, eine hohe. Grundsätzlich zielen SEO-Maßnahmen ja darauf ab, einem Bot die Identifikation eines Inhalts zu erleichtern – wenn es ordentlich gemacht ist, kann das auch aus Nutzersicht nicht allzu schlecht sein. Die Antwort lautet also, dass die Dosis das Gift macht. Bei Gründerszene haben wir unter meiner Ägide versucht, alle Inhalte gut zu strukturieren, und entsprechend auch Links, Bilder und Überschriften optimiert. Vieles, was man für den Suchmaschinenbot vornimmt, wie eine saubere Verlinkungsstruktur, hilft auch dem Nutzer.

Wie viel muss ein Start-up in Content investieren? Schließlich bedarf ein inhaltlich kompakter Web-Auftritt Professionalität und Zeit, Jungunternehmer haben finanziell keinen so langen Atem.

Joel Kaczmarek: Steter Tropfen höhlt den Stein. Ich würde kontinuierlich auf Content setzen, aber die Frequenz zu Beginn vielleicht niedrig halten. Dann gibt es sicher Mittel und Wege, wie Content erzeugt werden kann, der wenig aufwendig ist, aber trotzdem Wirkung erzielt – man denke an die oben erwähnte 80/20-Regel und das Beispiel der Handykameravideos. Grundsätzlich gilt „Done is better than perfect". Und dann lässt sich sicher noch schauen, ob nicht über Dritte, etwa anhand von Fachbeiträgen, Content gewonnen werden kann.

INTERVIEW MIT
JOEL KACZMAREK

Gründer und Chefredakteur von digital kompakt. Davor wirkte er vier Jahre als Chefredakteur des Branchenblatts Gründerszene. Mit „Die Paten des Internets" (Verlag FBV) hat Kaczmarek die erste Biografie zu den Samwer-Brüdern verfasst. **www.digitalkompakt.de**

Foto: Andreas David

Ein Content-Tool ist der Unternehmensblog: Sollte man im Rahmen des Web-Marketings unbedingt auf ihn setzen?

Joel Kaczmarek: Ein Unternehmensblog stiftet Identität und ist damit für die Markenbildung essenziell. Daneben bietet er Einstiegspunkte zum Produkt, schafft Interaktionsmomente zum Kunden und spielt auch aus Sicht der Suchmaschinenoptimierung eine wichtige Rolle.

Glauben Sie, dass durch die direkte Kommunikation mit Usern auch sprachlich eine länderspezifische Ausdrucksweise Relevanz hat?

Joel Kaczmarek: Ja, ich denke schon. Es gibt einfach sprachliche und kulturelle Eigenheiten, die sich sofort bemerkbar machen. Man denke einfach an eine Website, die in Asien entstanden ist und lediglich mittels Google Translate übersetzt wurde. Ich denke, jeder von uns kann sich vorstellen, wie so etwas aussieht. Alibabas Seiten sind da ein frappierendes Beispiel. Für deren Größe sind die regionalen Anpassungen der Inhalte wirklich gruselig.
Ein anderes Beispiel liefert die Internationalisierung von Zalando: Meines Wissens hatte man dort am Anfang einige Probleme mit dem französischen Markt, weil dieser deutlich bildgetriebener ist als der deutsche. Und während die Deutschen vor allem über Google-Anzeigen auf eine Seite kommen, sind in Frankreich Newsletter bevorzugt.

Wie beurteilen Sie die Situation allgemein im DACH-Raum? Gibt es hier Unterschiede hinsichtlich der Wertigkeit des Themas Content oder lassen sich eher Unterschiede zu zum Beispiel den USA festmachen?

Joel Kaczmarek: Ich würde sagen, der deutschsprachige Raum ist recht heterogen, aber im Vergleich zu den USA oder England bestehen schon merkliche Unterschiede. Beispielsweise hatte ich bei Gründerszene immer den Eindruck, dass viele Kommentare von Neid und Kritik geprägt sind, während man im englischsprachigen Raum Unternehmertum eher zelebriert und das Positive, die Chancen sieht. Das hat auch viel mit Kultur zu tun, in Deutschland ist der Unternehmer nicht hoch angesehen, in den USA ist er der Inbegriff des amerikanischen Traums.

Lesen Sie selbst gerne (Unternehmens-)Blogs? Wie wichtig sind deren Inhalte für Ihre tägliche Arbeit?

Joel Kaczmarek: Nicht wirklich, weil viele einfach zu schlecht gemacht sind. Aus News-Sicht waren Blogs für uns manchmal relevant, aber inspiriert oder Anregungen vermittelt haben sie eigentlich nicht.

Wie viel Persönlichkeit darf ein Blogger in seine Texte einbringen?

Joel Kaczmarek: Ich denke, das hängt sehr vom Kontext ab. Grundsätzlich sind Blogger keine Journalisten und der Reiz ihrer Arbeit liegt ja gerade darin, dass sie Inhalte mit einer persönlichen Note vermitteln. Trotzdem sollte es nicht in reine Selbstdarstellung abdriften. ∎

Was erzählen wir?
Die 5 wichtigsten Fragen
für besten Content

Vielen Unternehmen ist mittlerweile klar, dass sie (nur) mit relevantem Content punkten. Aber wie findet man den und wo liegen die Themen, die Kunden wirklich interessieren? Tauchen Sie mit ein …

Die Suche nach relevantem Content, von dem im Content Marketing alle sprechen, stellt durchaus auch eine Übung in Empathie dar – das zeigen die folgenden fünf Punkte, mit denen Sie sich auf alle Fälle beschäftigen sollten. Überlegen Sie sich für Ihr Unternehmen die passenden Antworten.

#1 Welches Bedürfnis wird befriedigt?

Um dahinterzukommen, was Ihre Kunden von Ihnen brauchen, ist es unumgänglich, in deren Welt einzutauchen. Es geht also um das Spannungsfeld zwischen Ihrem Produktangebot beziehungsweise Ihrer Dienstleistung und den Bedürfnissen Ihrer Kundschaft. Eine zentrale, weil grundsätzliche Frage wird daher jene sein: Welche Bedürfnisse stecken hinter der Nachfrage nach meinen Produkten und Dienstleistungen? Wir meinen hier die ganz großen, essenziellen Themen: zum Beispiel das Bedürfnis nach Luxus + Genuss bei Käufern von Feinschmeckerprodukten oder nach Abenteuer + Freiheit (zum Beispiel Kletterartikel, Abenteuerreisen), nach Fitness + Gesundheit (Fitnesscenter), nach Harmonie + Sicherheit (Versicherungen).

#2 In welchen Kontext tauchen wir ein?

Wo und wann kommt Ihr Produkt oder Ihre Dienstleistung im Alltag Ihrer Kundschaft vor? Tauchen Sie ein in die Welt dieser Menschen, die über Ihr Geschäft in Verbindung mit Ihnen stehen. Der Rasierschaum wird morgens schlaftrunken in die Hand genommen, das Fitnesscenter wird von berufstätigen Menschen oft am Feierabend und manchmal auch sogar noch vor Arbeitsbeginn aufgesucht. Wie fühlen sich Ihre Kundinnen und Kunden, welche Fragen und/oder Probleme beschäftigen diese in den jeweiligen Situationen, was wollen sie in diesen Momenten erleben und womit haben sie möglicherweise zu kämpfen? Wie können Sie als Profi auf Ihrem Gebiet diesen Menschen näherkommen und welche Hilfestellungen in dieser Situation leisten?

#3 Was wollen Kunden?

Es gibt in der heutigen digitalen Welt sehr viele Möglichkeiten und Tools, die Ihnen bei der Beantwortung dieser Frage weiterhelfen. Doch an erster Stelle wollen wir Ihre Nase ans Naheliegende stoßen, denn, Sie wissen schon, darauf wird besonders gerne vergessen:

Hören Sie Ihrer Kundschaft zu!

Das tun Sie ja eh immer? Gut! Wissen Sie auch zehn Minuten später noch, was diese bewegt hat? Notieren Sie sich alles, was an Fragen, Ideen, „Problemchen" und Anliegen an Sie persönlich und an Ihre Mitarbeiter laufend herangetragen wird. Durchforsten Sie Ihre Social-Media-Plattformen, Mails mit Kundenanfragen, denken Sie an Ihre Gespräche im Verkaufsraum und/oder im Büro, notieren Sie sich wirklich permanent die für Ihre Kundschaft relevanten Themen. Eine solche Liste ist Gold wert – und Sie werden sich nie mehr gequält fragen müssen, welchen Content Sie zu Ihren Produkten oder Dienstleistungen anbieten sollen. Denn hier stecken die ganz wichtigen Themen drin.

#4 Welche Tools für die Themenfindung gibt es noch?

Wenn Sie mit Ihrem Ohr am Kunden sind, haben Sie die wichtigste Aufgabe bereits gecheckt, es gibt aber noch ein paar Möglichkeiten mehr, an die relevanten Themen zu gelangen:

+ Durchforsten Sie Dialoge in Online-Communitys und -Foren
+ Was sagt die Marktforschung zu Ihrem Produkt/Ihrer Dienstleistung?
+ Die gute alte Kundenbefragung
+ Trend-Recherchen (Google Trends ausloten)
+ Keyword-Recherchen (Google Keyword Planner)

#5 Wer hat was zu sagen?

Dann dürfen Sie wieder ein bisschen die Perspektive verschieben und aus der Sicht Ihres Unternehmens denken: Was haben die verschiedenen Abteilungen in Ihrer Firma Ihren Kunden zu sagen? Natürlich mit Fokus auf die Themen, die Sie in den vorangegangenen Punkten zusammenstellen konnten.

Wer kann die Basics erklären?

Nicht jeder (im Unternehmen!) kennt sich mit dem detaillierten Basiswissen aus – und Kunden sind generell extrem dankbar, wenn Sie Basics erklärt bekommen (auch jene, von denen man glaubt, dass sie bekannt sein sollten …). Also nehmen Sie die Personen in die Pflicht, die täglich mit der Kundschaft arbeiten und deren offene Fragen laufend beantworten, und all jene, die gut erklären können und genau wissen, welche Tipps und Tricks wahrhaftig weiterhelfen.

Was haben Profis und „Nerds" zu sagen?

In einer Firma gibt es oft auch eine Abteilung, die mit viel Hintergrund- und Detailwissen ausgestattet ist und interessante Informationen von der Welt hinter dem Vorhang weitergeben kann. Nicht alle Kunden wollen tief schürfen, aber jene, deren Interesse weitergeht, werden extrem dankbar und begeistert sein, wenn Sie direkt vom Profi Zusammenhänge erklärt bekommen, die man nicht an der Verkaufstheke, also am Point of Sale, erfährt.

Was hat die Chefetage mitzuteilen?

Was von „ganz oben" kommt, ist nicht immer unmittelbar relevant für den Alltag der Kundschaft, aber mit Sicherheit von ihrem Interesse, weil Menschen immer auch wissen wollen, warum gerade diese Personen in diesem Bereich arbeiten und sich engagieren. Es soll nicht nur das Was, Wie, Wieviel, Wer beantwortet werden, sondern auch das Warum. Und wer könnte diese Aufgabe besser erledigen als der Boss? Der Chef einer Firma kann außerdem über Trends und Entwicklungen der Branche berichten (oder sollte es können ...), er präsentiert einen weiteren Blick auf die Produkte und Dienstleistungen, mit denen seine Kundschaft zu tun hat. Wenn das Ganze mit der Unternehmensphilosophie verwoben wird beziehungsweise mit ihr im Einklang ist, kommt man dem Jackpot schon sehr nah. ∎

INTERVIEW

Starke Partner für teuren Content ins Boot holen

Die Münchnerin Miriam Löffler ist eine Meisterin darin, die richtigen Fragen zu stellen. Trotzdem – oder gerade deshalb – haben wir uns von ihr ein paar Antworten gewünscht. Weil wir schon aus ihrem 600-Seiten-Buch „Think Content!" wissen, dass sie zu den Themen Content-Strategie, Content-Marketing und Texten fürs Web eine Menge sagen kann.

Ihr Motto lautet: „Macht euch fit fürs Content-Marketing." Sie wünschen sich, dass es in den Unternehmen „endlich mal ans ‚Doing' geht". Wieso wird in diesem Bereich so viel „gelabert"? Wissen alle, wovon sie reden?

Miriam Löffler: Die Antwort auf Ihre erste Frage lautet schlicht und ergreifend: weil es anstrengend ist. Daher erklärt sich auch, warum so viel – wie Sie es so schön gesagt haben – „gelabert" wird. Das ist nämlich einfacher. Und zu Ihrer zweiten Frage: Nein. Es gibt grundsätzlich noch sehr viel Halbwissen – aber das ist kein reines Content-Marketing-Problem.

Die digitale Welt ist komplex, und wir brauchen mehr Web-Experten sowie guten Nachwuchs. In den letzten drei Jahren sind immer mehr Bildungs- und Weiterbildungsangebote im Bereich Content-Strategie, E-Com-Management, digitales Marketing usw. entstanden. Das ist eine schöne und wichtige Entwicklung, die dem Halbwissen langfristig den Kampf ansagt. Ich stehe aktuell mit einigen Studenten und Uni-Absolventen im Austausch – und bin oft beeindruckt, wie clever, kompetent, kritisch und richtig sie zum Thema Content-Marketing Position beziehen. Die lassen sich nicht alles von jedem verkaufen. Und das finde ich ziemlich klasse.

Auf der anderen Seite ist es auch gut, dass seit gut anderthalb Jahren so hitzig und aktiv über Content-Marketing und Content-Strategie diskutiert, philosophiert und „rechtgehabt" wird. Diese „Laberei" führt letztendlich dazu, dass sich Unternehmen mit dem Thema auseinandersetzen – und sich bewusst machen, dass ein hochwertiges Content-Management nicht nebenbei

**INTERVIEW MIT
MIRIAM LÖFFLER**

Arbeitet seit 1998 im Online-Business und ist seit 2010 als freiberufliche Trainerin und Beraterin im Bereich Content-Strategie, Marketing und Web-Texten tätig. Erfahrungen sammelte sie bei ProSieben, Sat1. Media AG, Weltbild, Amazon und als Dozentin am Text-College München.

Foto: Privat

von Praktikanten abgefrühstückt werden kann. Was mir in den derzeit geführten Diskussionen noch etwas fehlt, ist der crossmediale Aspekt. Oft wird Content-Marketing nur auf den Web-Bereich bezogen – und das ist nicht korrekt. Auch ein Print-Kundenmagazin, das den Kunden einen Mehrwert bietet, informiert, unterhält und gerne gelesen wird, kann ein Teil des Content-Marketings eines Unternehmens sein.

Während viele noch reden, wäre eigentlich viel zu tun: Mobile ist zu bedienen, die Inhalte sind auch für diese Kanäle perfekt umzusetzen und Videos sollen wir auch vermehrt produzieren … Jeder weiß, wie teuer gute Bewegtbilder sind. Muss hier jeder viel Geld in die Hand nehmen und mitmischen bzw. welche Branchen oder Zielgruppen sind hier besonders zu bedienen?

Miriam Löffler: Ganz ehrlich: Diese Frage lässt sich nicht pauschal beantworten. Viele wünschen sich konkrete Schablonen, schnelle Lösungen oder vorkonfektionierte Strategien. Die gibt es aber nicht – für keine Branche und für keine Zielgruppe. Ob und wer Bewegtbilder wo braucht, oder Text, oder eine Infografik oder, oder, oder … – das muss jedes Unternehmen im Rahmen seiner Strategie selbst entwickeln und fallweise auch einfach mal testen.

Ich habe den Eindruck, dass viele Unternehmen immer erst in die Pötte kommen, wenn Branchenkollegen einen guten Case zustande gebracht haben. Dann wird fleißig kopiert. Nur: Was für den einen funktioniert, muss nicht zwangsläufig auch für den anderen gute Ergebnisse bringen. Und die Firmen, welche die Cases geschaffen haben, vereint eines: Sie haben einfach mal angefangen, gemacht, nicht bloß geredet und nicht erst auf die Cases anderer gewartet.

„*Teure Content-Formate müssen die Unternehmen unter Umständen auch nicht immer alleine produzieren.*"

Ich bin ein großer Fan von Content-Kooperationen. Denn ich habe die Erfahrung gemacht, dass Firmen oder Medienanbieter, die mit ähnlichen Zielgruppen operieren wie das eigene Unternehmen, meist offen dafür sind, die vorhandenen Ressourcen und Budgets im Rahmen einer Kooperation zusammenzulegen. Je weniger Budgets ich in der Vergangenheit zur Verfügung hatte, desto stärker habe ich mit Content gebartert und mir starke Partner ins Boot geholt. Dabei habe ich immer sehr positive Erfahrungen gemacht.

Wie reiht man künftig SEO ein? Werden die SEO-Abteilungen nun reine Content-Marketing-Abteilungen mit einer Menge Storytellern?

Miriam Löffler: Die meisten Firmen suchen händeringend nach „SEOs", die technische und analytische Skills mitbringen. Und genau dort sehe ich auch die Stärken von SEO-Agenturen und SEO-Beratern. Wie geht man mit Paginationen um? Wie mit aufgeklapptem/zugeklapptem Content? Wie behandle ich Länder-Seiten? Wie vermeide ich Duplicate Content? Welche Herausforderungen müssen wir im Mobile-Bereich meistern? Wie binde ich Videos und Bilder optimal für die Suchmaschinen in die Seiten ein? Was muss ich bei Social-Media-Themen beachten?

Welche Keywords sind für unser Business relevant? Wie können wir die Conversion in den SERPs erhöhen? Was bedeutet es, wenn die Themen Branding oder Freshness von Google zum Ranking-Faktor gekürt werden? Usw.

> „Die tatsächliche Produktion von Content sollte in Redaktionen, beim Content-Management oder in (Content-) Marketing-Abteilungen liegen."

Ich habe schon oft gehört, dass man befürchtet, SEO wäre bald tot, weil es vom Content-Marketing abgelöst würde. Das ist Schmu, denn die Welt des Google-Bots tickt – wie bereits angedeutet – doch etwas komplizierter, vor allem auf technischer Ebene. Und Marketer sowie Content-Verantwortliche brauchen dringend das Know-how und den Support von exzellenten Suchmaschinenoptimierern beim Bewerten und Optimieren von Content, Websites, Landingpages etc. Außerdem gibt es ja auch andere Anbieter/Plattformen, die mit einem Algorithmus arbeiten: Facebook, YouTube etc. Ich denke, dass es auch dafür langfristig starken Beratungsbedarf geben wird – und dafür sind die Suchmaschinenoptimierer aus meiner Sicht die ideale Beraterbesetzung.

Übrigens bin ich auch immer auf der Suche nach guten „SEOs" – aber fürs Storytelling brauche ich sie sicher nicht. Eher für komplexere Kundenbaustellen, die ich mit Content alleine nicht beackern kann. ■

> „Ich würde mir wünschen, dass sich Firmen mehr Gedanken über ihre Zielgruppe machen würden als über irgendwelche Inhalte (‚Content follows target group')."

KLEINES GLOSSAR

Wenn wir es schon aufs Tapet bringen, wollen wir dem Halbwissen vorbeugen und ein paar der Begriffe nach Miriam Löfflers Buch „Think Content!" (Verlag Galileo Press) erklären.

Crossmedia: Kommunikationsprozess über mehrere Kanäle. Dem User werden mehrere Medienkanäle (on- und offline) gleichzeitig angeboten, in denen er sich mit dem Produkt auseinandersetzen kann. Die Kommunikation über die Marke muss konsistent sein und einen Wiedererkennungswert haben.

SEO: Search Engine Optimization oder Suchmaschinenoptimierung soll das Ranking in den Suchergebnissen verbessern. Durch guten Content, Keywords, Aufbau der Site, Link-Aufbau etc. wird eine Seite dahin gehend optimiert, dass Google sie in den organischen (im Gegensatz zu den gekauften) Suchmaschinenergebnissen möglichst weit oben listet. Google-Algorithmen werden laufend aktualisiert und verändert und stellen SEO-Experten vor immer neue Herausforderungen. Letztendlich führt das aber dazu, dass Online-Seiten besser, also nützlicher und benutzerfreundlicher werden.

SERP: Search Engine Result Page oder Suchmaschinenresultatseite – hier ist selbstverständlich relevant, an welche Stelle man auf der SERP gereiht wird.

Google-Bot: Das Computerprogramm – ein sogenannter Webcrawler – lädt Web-Inhalte herunter und führt diese der Suchmaschine Google zu. Durchschnittlich greift der Google-Bot alle paar Sekunden auf die Inhalte zu.

INTERVIEW

Corporate Language: Zaubern Sie mit!

Sprache transportiert Inhalte, denen man sich kaum entziehen kann. Sprache weckt Emotionen, vermittelt Werte und spiegelt die Kultur eines Unternehmens wider. Zu einem stimmigen Markenauftritt gehört daher – neben dem Corporate Design und dem Corporate Behavior – ganz wesentlich eine Unternehmenssprache, welche die Identität des Unternehmens stützt. Dazu haben wir die Texttrainerin Doris Lind befragt.

Was gibt es für Sie zu beachten, wenn Sie für ein Unternehmen dessen Corporate Language entwickeln?

Doris Lind: Worte machen Leute, Produkte, Dienstleistungen, Marken, ganze Konzerne. Alles, was unsere westliche Welt prägt, ist in Worte gefasst. Um die richtigen Worte für ein Unternehmen zu finden, muss man zuallererst wissen, wer das Unternehmen genau ist, welche Werte es vertritt, welche Menschen dahinterstehen, was ihre Ideen, Visionen, Gedanken sind, aus denen sie Produkte und Dienstleistungen entwickeln.

Wie kommt man als Unternehmen zu einer prägnanten Sprache? Wie kann man sich die Entwicklung dieser vorstellen?

Doris Lind: Eine klare und prägnante Corporate Identity ist die Basis für eine erfolgreiche Corporate Language – am idealsten ist es aber, wenn man sie gemeinsam entwickelt, denn das eine bedingt das andere. Die Entwicklung einer Corporate Language ist nicht in einer Woche abgeschlossen, sondern ist ein kreativer, prozesshafter Austausch zwischen dem Unternehmen und mir als Texterin, der meistens ein paar Monate dauert.

Danach verfügt ein Unternehmen über eine „Wording-Liste" mit „unlimited words", „limited words" und solchen, die gar nicht gehen?

Doris Lind: Ja, das ist ein wesentlicher Sinn der Sache. In Workshops und Brainstorming-Runden schauen wir uns an, welche Worte zum Unternehmen passen und welche gar nicht, welche Schreibhaltung eingenommen wird und wie die Schreibstimme klingen soll, damit das Unternehmen in seinem gesamten Auftritt stimmig und echt ist. Am wichtigsten ist dann aber das tägliche Leben: Nur wer seine Unternehmenssprache konsequent einsetzt, hat langfristig einen klaren sprachlichen Auftritt und damit eine unverwechselbare Identität.

Klar, positiv, kompetent: Viele Unternehmen wünschen sich eine Sprache, die diese Eigenschaften aufweist. Aber das Unverwechselbare in der Corporate Language: Wie schafft man das?

Doris Lind: Indem man in der Corporate Language auch Vielfalt und Individualität zulässt. Eine Unternehmenssprache ist ein Rahmen, der Grundlegendes im sprachlichen Auftritt festhält. Aber innerhalb dieses Rahmens soll es möglich sein, dass Mitarbeiter ihre persönlichen Schreibstimmen bis zu einem gewissen Grad – im Rahmen der Corporate Language – ausleben dürfen. So wirkt die Kommunikation echt und persönlich und das macht Unverwechselbarkeit aus.

Wie gelingt es Ihnen, für verschiedene Auftraggeber ganz verschiedenartige Schreibstile und „Schreibstimmen" einzunehmen?

Doris Lind: Schreiben ist Schauspielen. Unterschiedliche Schreibstile gelingen, indem man bewusst unterschiedliche Rollen einnimmt. Doch damit das gut funktioniert, muss man wissen, wie man selbst beim Schreiben klingt. Ich vergleiche das gerne mit einer Schauspielerin: Nur wenn sie weiß, was sie mit ihrem Gesicht, ihrer Stimme, ihrem Körper etc. auszudrücken vermag, kann sie sich adäquat auf ihre Rollen vorbereiten. So ist es auch beim Schreiben. Meine persönliche Schreibstimme ist zum Beispiel lebendig, offen in der Haltung, eher heiter im Ton, im Ausdruck bin ich salopp, manchmal fast umgangssprachlich. Wenn ich für ein traditionelles Unternehmen schreibe, stelle ich mich bewusst darauf ein und probiere bei den wichtigen Wörtern verschiedene Varianten aus. Ein großer Wortschatz ist hilfreich, aber auch der Thesaurus im Word kann gute Dienste leisten.

Auch unterschiedliche Textsorten verlangen unterschiedliche Schreibhaltungen ...

Doris Lind: Ja, teilweise geben die Textsorten die unterschiedlichen Rollen bereits vor – ein Pressetext ist in seiner Haltung und Sprache sachlicher und distanzierter als ein Kommentar oder Blog, die Meinung zeigen und auch in der Sprache mehr Zähne zeigen dürfen. Auch wesentlich für den Erfolg mit Worten: eine genaue Vorbereitung. Wenn ich das erste Mal für jemanden schreibe, möchte ich ihn persönlich kennenlernen: Wie spricht er? Welche Worte verwendet er beim Reden? Aber auch: Wie kleidet er sich? Wie ist sein Büro eingerichtet? Wie introvertiert oder extravertiert ist jemand? All das ist deshalb so wichtig, weil ein erfolgreicher Text eine Persönlichkeit auf der Wortebene widerspiegelt.

Wie reflektiert sollte man als Unternehmen mit seiner Sprache umgehen?

Doris Lind: Worte wirken und deshalb empfehle ich, ihre Wirkung bewusst einzusetzen. Wer das Wort „leider" verwendet, wird bemerken, dass die Mundwinkel beim Lesenden automatisch nach unten sinken. Oder das Wort „muss" wirkt wie eine Zwangsjacke, damit fühlt sich niemand entspannt – diese Wörter verbreiten schwarze Magie. Aber es geht auch umgekehrt: Wörter können zaubern, sogar die kleinsten Wörtchen, wie folgendes Beispiel zeigt: „Ihr Auftrag ist noch in Bearbeitung." Im Vergleich zu: „Ihr Auftrag ist bereits in Bearbeitung." Nur zwei kleine Wörter anders im Text und doch eine ganz andere Wirkung. Das Wort „noch" vermittelt:

Du musst noch warten, es dauert noch, was negativ ist, weil niemand gerne wartet. Das Wort „bereits" zeigt im Gegensatz dazu: Wir sind schon dran, wir arbeiten für dich und das ist positiv.

Sie vergleichen das Texten mit der Schauspielkunst. Welche Rolle würden Sie nicht spielen?

Doris Lind: Auch wenn ich bestimmte Wörter bewusst einsetze oder andere Wörter bewusst meide: Euphemistisches Schreiben lehne ich ab. Erstens weil ich dafür bin, dass man Dinge beim Namen nennt, und zweitens weil diese vielen politisch korrekten Begriffe und sprachlichen Euphemismen den Auftritt schwächen. Das Bemühen, unangreifbar zu sein, bewirkt eben genau das: Man wird sprachlich glatt, beliebig, verliert an Identität und Wiedererkennbarkeit. Außerdem leidet die Verständlichkeit: Viele euphemistische Ausdrücke sind schon sehr weit weg von dem, was gemeint ist, und die Lesenden wissen überhaupt nicht, worum es eigentlich geht.

„Füllwörter raus!": Sind Sie auch dieser Meinung?

Doris Lind: Ja, ich bin auch für: raus damit. Die meisten Füllwörter sind Wortballast und die meisten Unternehmenstexte sollten dringend abnehmen. Ihr Ziel ist, dass eine Botschaft beim Gegenüber – Mitarbeiter, Kunden, Geschäfts- und Netzwerkpartner – klar ankommt. Da hat der kurze, präzise Text mehr Vorteil. Lange Texte suggerieren: Hier wartet Arbeit und das wirkt sich negativ auf die Lesemotivation aus.

Was zeichnet gute Texte ganz allgemein aus?

Doris Lind: Eine Überschrift, die so neugierig macht, dass man in den Text einsteigt. Ein so lebendiger Aufbau, dass man den Text zu lesen beginnt. Eine interessante Aufbereitung des Themas und attraktive Sprache, dass man den Text bis zu Ende liest. Und letztendlich die richtigen Worte: damit Texte und ihre Botschaften verstanden werden und – wenn das gelingt, ist der Text wirklich top – in Erinnerung bleiben! ∎

**INTERVIEW MIT
DR. DORIS LIND**
Studierte Germanistik sowie „Bühne, Film und andere Medien"
und arbeitet als Texterin und Texttrainerin in Graz.
www.worte-wirken.at

Foto: Robert Illemann

Alle essen, keiner kocht: Sind Rezepte wirklich guter Content?

Kochblogs, Kochshows, Kochbücher und Rezepte allerorten: Ist das hochwertiger Content? Welchen Zweck erfüllen Rezepte in einer Welt der Fertigprodukte? Wir haben uns in der Szene umgehört.

In Zeiten der Informationsüberflutung gilt es, hochwertige, relevante Inhalte anzubieten. Vor allem punkto Content Marketing sind sich alle einig, dass der gelieferte Content sich nicht nur tunlichst vom gewohnten Werbetextgewäsch abheben möge, sondern auch richtig Brauchbares für die Leser anbieten sollte. Wer praktische Lösungen liefert, wer die Fragen der Kunden im Content Marketing beantwortet und zielgerichtet informiert, hat die Nase vorn, denn alles andere wird von Google und der Leserschaft beinhart abgestraft. Klingt ganz wunderbar und vor allem wunderbar logisch – bis wir beginnen, ins Detail zu gehen, denn: Was ist denn nun tatsächlich relevanter Content? Und um zum angeschnittenen Thema zurückzukommen: Sind diese zahlreichen Kochtipps und Rezepte, die uns täglich auf Flugblättern genauso wie im Internet entgegendampfen, wirklich relevanter Content, der genutzt wird?

Es kocht doch eh keiner mehr!?

Unser moderner Lebensstil mit gestiegener Mobilität bringt es mit sich, dass immer weniger Menschen das Mittagessen zu Hause einnehmen. Und wer abends nach einem langen Arbeitstag hungrig ist, lässt sich auch lieber bekochen bzw. schiebt schnell ein Tiefkühlgericht in die Mikrowelle oder ins Backrohr. Zwölf Prozent des Einkommens gibt ein Haushalt fürs Essen aus – und zusätzlich neun Prozent für den Außer-Haus-Konsum, außerdem wird jedes zweite Schnitzel in Österreich im Gasthaus verzehrt, berichtet der Bauernbund auf seiner Website. Kochen – und damit ist eben NICHT das Aufwärmen von Fertiggerichten gemeint – wird also mehr und mehr zur Randerscheinung und bestenfalls zum Exklusiv-Event, wenn man Gäste einlädt und in Gesellschaft das Mahl genießt.

Wer gesundheitsbewusst ist und vielleicht auch Kinder versorgt, kommt nicht umhin, sich an den Herd zu stellen, aber wir kennen das: Es gibt meist eine Minimalvariante eines Gerichts und dafür braucht man selten ein Rezept. Wer hingegen mit Rezept kocht, muss sorgfältig planen: den Einkauf, die Mengen, vielleicht sogar neue Arbeitsabläufe und Handgriffe bei der Umsetzung oder man braucht auch noch neue Küchengerätschaften (weil wie schnitzt man Zucchini-Spaghetti ohne Spezialwerkzeug?). Unterm Strich: Welchen Sinn hat das Rezepte-Bombardement, das

zumindest manche von uns immer wieder sogar als belastend empfinden, weil es das schlechte Gewissen schürt? Der quälende innere Monolog, der höchstwahrscheinlich nicht zu langen Einkaufslisten und -touren anregt, hört sich dann in etwa so an: „Ich sollte wirklich wieder mal was Neues/Gesünderes/Abwechslungsreicheres/Spannendes auf den Tisch bringen, habe aber weder Zeit noch Lust, mich lange damit zu beschäftigen!"

Interesse für Ernährung

Wir haben diese Diskrepanz hinterfragt und uns in der Koch- bzw. Content-Szene umgehört. Taliman Sluga, Kurator der Kochbuchmesse in Graz und Organisator des Prix Prato, ortet großes Interesse am Thema:

> „Es wird immer weniger gekocht, aber es interessieren sich langsam, aber doch immer mehr für Essen und Trinken, optimistisch gedacht, für Ernährung."

Sluga weiter: „Darauf konzentriere ich mich, auch im Rahmen der Kochbuchmesse. Dass ein Gros der Bevölkerung dem nicht folgt bzw. auch nicht folgen kann aus verschiedenen Gründen, auch aus finanziellen, ist eine andere Seite. Auch da versuche ich, aufklärerisch zu wirken, auch mit meinen Kinderkochkursen. Die Rezepteflut sehe ich nicht so negativ. Vielmehr sehe ich darin eine Anregung, wenigstens zu bestimmten Anlässen selbst und für Freunde gut (in jeder Hinsicht) zu kochen."

> „Das Thema interessiert und ist somit auch Vehikel für andere Inhalte, die rüberkommen sollen, leider halt oft auch sehr kommerzielle."

„Das bezieht sich auch auf Koch-Shows, mit Schwerpunkt Show, mit Kochen haben da die wenigsten wirklich zu tun, es ist lediglich Aufhänger. Aber in allen Bereichen gibt es glücklicherweise auch profunde Formate. Wenn in der heutigen Infoflut also kulinarische Contents den übrigen Inhalt auffetten, finde ich das weniger schlimm, als wenn das etwaige bedenkliche politische wären."

Feel-well-Content

„Vielfach erzeugt Rezepte-Content einfach eine Stimmung beim Leser", konstatiert Harald Kopeter. Die wenigsten würden das Rezept exakt nachkochen, aber eine gute Stimmung werde beim Betrachten von Bild und Text erzeugt.

Foodblogger Michael Krist (kitchen-news) sieht sehr viel Bewegung in der kulinarischen Szene und streicht auch die emotionale Komponente dieser Contents hervor. „Im Online-Bereich –

also auf Facebook, Twitter, Pinterest etc. – geht es darum, so viel Resonanz wie möglich zu erzeugen. Und das ist nur sinnvoll in Verbindung mit Bildern." Hier könne man wunderbar Bezug nehmen auf aktuelle Themen (wie zum Beispiel Muttertag …) und damit gute Gefühle erzeugen:

„**Es geht generell um emotionalen Transfer einer Stimmung.**"

In Magazinen sehe man das in der Bild-Text-Gewichtung – das Foto füllt eine Seite, das Rezept einen Bruchteil davon. Fachmagazine bedienen eine andere Klientel als Social-Media-Plattformen, doch die Tatsache, dass sich im Bereich der Ernährung trendmäßig so vieles tut („Vegetarisch/vegan boomt nach wie vor, qualitativ hochwertig steht sehr im Vordergrund"), schaffe ein breites Publikum. „Rezepte sind auch gute Lückenfüller und lassen sich wunderbar mit Anzeigen kombinieren", ergänzt der Foodblogger ohne Illusionen:

„**Die breite Masse pfeift sich vielleicht Fertigprodukte rein, aber immer mehr Menschen ist der bewusste Konsum wichtig.**"

Krist schließt seine Ausführungen kritisch-optimistisch: „Oft ist ein Rezept auch einfach Inspiration. Ich glaube, dass es mehr Leute werden, die kochen. Es hat auch eine schöne soziale Komponente: gemeinsam kochen und gemeinsam essen. Obwohl man sich bisweilen schon fragen muss, ob das für manche nicht zur Ersatzreligion wird."

Food-Content wird also so schnell nicht untergehen: Er vermag viel Aufmerksamkeit zu erwecken, inspiriert, bringt (zumindest bei den meisten) gute Gefühle, erzeugt positive Stimmung mit schönem Bildmaterial, füttert im wahrsten Wortsinne unser wachsendes Interesse an bewusster Ernährung, liegt stark im Trend und ist – vielleicht auch nur für einen kleinen Anteil, der ein Rezept auch wirklich nachkocht – nützlich.

In diesem Sinne: Kochen Sie wohl! ∎

INTERVIEW

Tragen wir zu dick auf? Corporate Publishing zwischen Image und Realität

Es soll positiv und zugleich realitätsnah sein: Der Schweizer Kommunikationsfachmann Beat Hühnli hat sich mit dem idealen Unternehmensimage im Corporate Publishing beschäftigt.

In Ihrer Diplomarbeit mit dem Titel „Corporate Publishing zwischen Image und Realität" befassen Sie sich mit dem Balanceakt des Corporate Publishers zwischen Imagepflege und solider Information für Kunden beziehungsweise Leser. In welchen Branchen ist es besonders schwierig, diesen Balanceakt zu meistern?

Beat Hühnli: Am schwierigsten ist es wohl für Unternehmen, die grundsätzlich ein Problem mit ihrem Geschäftsmodell haben. Kürzlich sind in Kanada drei Tabakkonzerne zu einer Milliardenbuße verurteilt worden. Wie sollen diese Unternehmen ihr Image pflegen, wenn das Gericht sagt, sie seien für Lungen- und Kehlkopfkrebs verantwortlich? Schwierig ist Imagepflege auch für Firmen, die nicht wissen, wer sie eigentlich sind. Das Kennen des eigenen Charakters, der Stärken und Schwächen erachte ich als Grundvoraussetzung für gezieltes Reputationsmanagement.

Wie sind Sie auf dieses Thema für Ihre Studie gekommen? Stammt der Anstoß dazu aus der Praxis?

Beat Hühnli: Mit dem Thema sah ich mich sofort konfrontiert, als ich für Unternehmen zu schreiben begann. Ein Text soll attraktiv sein, aber nicht blenden. Das verlangt Entscheide, die manchmal schwerfallen, beispielsweise den Verzicht auf eine schöne Formulierung, wenn sie haarscharf an der Wahrheit vorbeischrammt. Zudem müssen Redaktoren darüber nachdenken, ob die Methode, mit der sie die Botschaft verkaufen, den Leser anständig behandelt. Wenn wir eine unangenehme Tatsache publizieren müssen, können wir das klipp und klar sagen oder die

INTERVIEW MIT BEAT HÜHNLI
Stammt aus Köniz (Schweiz) und arbeitete 15 Jahre lang in den PR-Abteilungen von Berner Versicherung und Allianz Suisse, bevor er sich an der Hochschule für Wirtschaft Zürich zum Corporate Publisher ausbilden ließ. Selbstständig seit 2006. **www.firmenpublikationen.ch**

Foto: Beat Schweizer

Botschaft im Magazin verstecken, um später sagen zu können: „Wir haben darüber informiert." Solche Entscheide sind heikel, weil dem Bedürfnis nach transparenter Information andere legitime Interessen entgegenstehen. Man will ja nicht unbedingt die Konkurrenz mit Argumenten gegen das eigene Unternehmen versorgen.

Das Image ist ein wichtiger Erfolgsfaktor für Unternehmen. Sie schreiben: „Imagepflege ist ein Muss, aber auch eine Gratwanderung." Inwiefern ist die Imagepflege eine Gratwanderung?

Beat Hühnli: Wer seriös informieren will, kommt nicht um den Balanceakt zwischen Transparenz und Wahrung eigener Interessen herum. Deckungsgleichheit zwischen Sein und Schein, zwischen realer, kommunizierter und wahrgenommener Betriebswelt ist ein sehr hoher Anspruch, dem kein Unternehmenspublizist bis ins Letzte gerecht werden kann – der Vorgang der Imagekonstruktion ist zu vielschichtig. Die entscheidende Frage ist: Wollen wir das Publikum nur beeindrucken oder streben wir nach Integrität in der Kommunikation? Wenn es nur darum geht, gut auszusehen, haben wir die Image-Diktatur. Ihr muss sich alles unterordnen – auch ethische Prinzipien.

Geht man als CP-Profi mit ebenso hehren, dem Leser verpflichteten Grundsätzen an die Arbeit wie (idealerweise) als Journalist?

Beat Hühnli: Man sollte es zumindest versuchen und die Kriterien des Qualitätsjournalismus kennen. Nach meinem Berufsverständnis sind Corporate Publisher weder der verlängerte Arm der Geschäftsleitung noch Anwälte der Leser. CP-Profis sind Brückenbauer. Sie sollten darauf hinarbeiten, dass die Interessen beider Seiten gewahrt sind.

Wie sollte ein Image idealerweise aussehen? Wie weit darf es von der Realität abweichen?

Beat Hühnli: Das ideale Image ist gleichzeitig positiv und realitätsnah. Wie weit es von der Realität abweichen darf, muss jedes Unternehmen selbst prüfen, indem es fragt: Kommen wir mit dem jetzigen Image langfristig bei den Zielgruppen an? Dazu muss man natürlich das Image kennen. Hilfreich sind auch Fragen wie: Vermittelt die Kommunikation unser Selbstverständnis? Fühlen wir uns von der Bildwelt repräsentiert? Tragen wir irgendwo zu dick auf? Wie groß die Abweichung zwischen Image und Realität sein darf, hängt zudem davon ab, ob das Image besser oder schlechter ist als die Realität. Ein gutes Unternehmen mit schlechter Kommunikation kann sich meines Erachtens eine größere Diskrepanz leisten als ein schlechtes Unternehmen mit guter Kommunikation. Die beste Imagepflege besteht immer noch darin, vertrauenswürdig zu handeln und solide Arbeit im Kerngeschäft abzuliefern. Was nicht heißt, dass man sich in der Kommunikation unter seinem Wert verkaufen soll. Wichtig bei allem ist zu wissen: Es gibt nicht *das* Image. Die Mitarbeiter sehen ihr Unternehmen anders als die Kunden, diese wiederum sehen es anders als die Investoren. Eine Firma ist kein homogener Block, sie besteht aus Menschen, die unterschiedlich denken und handeln. Folglich ist auch das Image nicht homogen. Eine Firma kann das Image weder „machen" noch kontrollieren – aber sie muss sich so positionieren, dass das Image den eigenen Wünschen und der Realität so nahe wie möglich kommt, statt sich zu verselbstständigen.

Welche Rolle spielen Humor, Übertreibung oder Selbstironie in diesem Balanceakt zwischen Image und Realität?

Beat Hühnli: Ich finde, Humor macht ein Unternehmen sympathisch, beugt einem Bürokratie-Image vor und begünstigt die Informationsaufnahme. Allerdings passt Humor nicht zu jeder Branche. Und man muss ihn dosiert und sinnvoll einsetzen, etwa in Form von Kolumnen oder Cartoons zu betriebsnahen Themen, sonst könnte es sein, dass die Leser uns nicht ernst nehmen. Mit Übertreibung und Selbstironie habe ich in Form von Satiren schon gearbeitet. Bei Satiren muss man das Thema sehr sorgfältig wählen und wissen, dass Satire nicht von allen verstanden wird.

Wie definieren Sie Image und warum konstruieren wir es überhaupt?

Beat Hühnli: Das Image ist unsere Vorstellung von Unternehmen, Produkten, Ländern, Personen. Ein Image konstruieren wir, weil wir gar nicht anders können. Wir machen uns automatisch ein Bild von allem, was ins Feld unserer Wahrnehmung rückt. Daraus versuchen wir unbewusst, Nutzen zu ziehen: Indem wir ein Image konstruieren, gewinnen wir reale oder vermeintliche Sicherheit, denn das Image grenzt ein Unternehmen gegenüber anderen ab und hilft uns so beim Prüfen von Alternativen. Weil das Image weniger komplex ist als die Realität, kommt es unserem Bedürfnis entgegen, Entscheide mühelos zu fällen. Das positive Image sendet Vertrauenssignale aus und verspricht uns eine Problemlösung. Nicht zuletzt kann ein Image sinnstiftend sein: Man fühlt sich beispielsweise bedeutsam, weil man Designermöbel ins Wohnzimmer gestellt hat.

Meinen Sie mit Realität die umfassenden Fakten? Da tut man sich bei Kundenmagazinen für Apotheken, Drogerien oder Pharmamarken besonders schwer. Gerade im Bereich Medizin/Gesundheit ist vieles umstritten – genau hier ist seriöse Information aber auch sehr wichtig ...

Beat Hühnli: Ja, seriöse Information ist in diesen Branchen schon deshalb sehr wichtig, weil die Gefahr besteht, dass man mit Kommunikation eine medizinisch unnötige Nachfrage erzeugt und zudem das Werbeverbot für bestimmte Medikamente umgeht. Das ist aus gesundheitlicher Sicht und vor dem Hintergrund exorbitanter Gesundheitskosten unangebracht und könnte eines Tages dem Image schaden. Letzte Woche habe ich zwei Magazine von Apothekenketten durchgeblättert und fand, dass die Redaktionen ihre Arbeit recht gut machen: Die Texte schüren keine Angst, sondern stehen mehrheitlich im Dienst der Gesundheitsförderung. Es wird zwar für Medikamente geworben, aber auch vor übertriebenem Konsum gewarnt.

Was passiert, wenn sich die Unternehmenskommunikation ein zu positives Image erlaubt? Und: Rechnen Kunden nicht sogar mit gewissen Formen der Schönfärberei?

Beat Hühnli: Wenn die kommunizierte Betriebswelt zu positiv von der realen Betriebswelt abweicht, enttäuscht man die Kunden, die nicht bekommen, was sie erwartet haben. Das illusorische Image, das sich in Luft auflöst, nährt Misstrauen. Das ist auch volkswirtschaftlich bedenklich: Falsche Versprechen sind schlechte Voraussetzungen für Prosperität, denn die Kontrollkosten schnellen in die Höhe und das Investitionsklima leidet. Verzerrte Realitäten provozieren auch falsche Entscheide: Wir kaufen vermeintlich sichere Wertpapiere und verlieren unser Geld.

Wie Sie richtig vermuten, rechnen die Konsumenten mit Schönfärberei. Es gibt das Phänomen, dass Konsumenten die Illusion häufig bewusst suchen, weil die Illusion schöner ist als die Realität und deshalb das Leben erträglicher macht. Der amerikanische Historiker und Schriftsteller Daniel J. Boorstin schrieb bereits 1961, die Gesellschaft habe übertriebene Erwartungen an die Welt und versuche daher, die Realität durch Illusionen von sich fernzuhalten – durch medial geprägte Images, die schöner, spannender oder überzeugender seien als das Leben selbst.

In Ihrer Arbeit machen Sie auch Vorschläge, wie Corporate Publisher das Spannungsfeld von Image und Realität besser meistern können. Welche Vorschläge sind das?

Beat Hühnli: Ich kann drei Vorschläge herausgreifen. Erstens: Es braucht vernünftige Budgets. Nicht nur für Grafik oder Programmierung, sondern vorab für die Recherche. Je mehr Corporate Publisher über ein Thema wissen, desto weniger stehen sie in Gefahr, realitätsverzerrende und damit potenziell imageschädigende Inhalte zu verbreiten. Zweitens: Jedes CP-Medium steht idealerweise auf einer Konzeptbasis. Wenn möglich ist das Konzept eingebettet in eine übergeordnete Kommunikationsstrategie, die sich mit der Unternehmensidentität und mit der Positionierung auseinandersetzt. Drittens: Was die Leser beschäftigt, muss auch den Redaktor beschäftigen. Er muss versuchen, das Meinungsklima zu erfassen, sonst leidet die Glaubwürdigkeit und der Informationsnutzen sinkt.

Kundenmagazin vs. Werbung: Welche Chancen für die Unternehmenskommunikation ergeben sich aus dem journalistisch orientierten Medium Kundenmagazin?

Beat Hühnli: Eine besondere Qualität des journalistischen Produkts liegt in der spannenden Fülle von Textgattungen: Berichte, Reportagen, Porträts, Interviews, Magazinstorys. Die Formenvielfalt bildet das Unternehmen in einer Breite ab, die durch Werbung allein nicht möglich ist. Was wiederum den Lesegewinn erhöht und auf Kundenseite bessere Grundlagen für Entscheide schafft.

Welche Vorteile hat es, wenn Unternehmen die Produktion ihres Kundenmagazins einem externen Partner (und nicht der eigenen Presseabteilung) anvertrauen?

Beat Hühnli: Externe Partner gehen objektiver, unvoreingenommener an das Thema heran. Sie stellen Fragen, die vielleicht die routinierten Fachleute des Auftraggebers längst nicht mehr stellen, weshalb sie am Leser vorbeischreiben. Und natürlich bringen externe Blattmacher das nötige Publishing-Wissen mit, das den meisten Unternehmen fehlt. Ob jemand die Produktion extern vergibt, hat meiner Erfahrung nach wenig mit der Größe des Unternehmens zu tun, dafür mit der Frage, wie wichtig dem Unternehmen professionelle Kommunikation ist. ∎

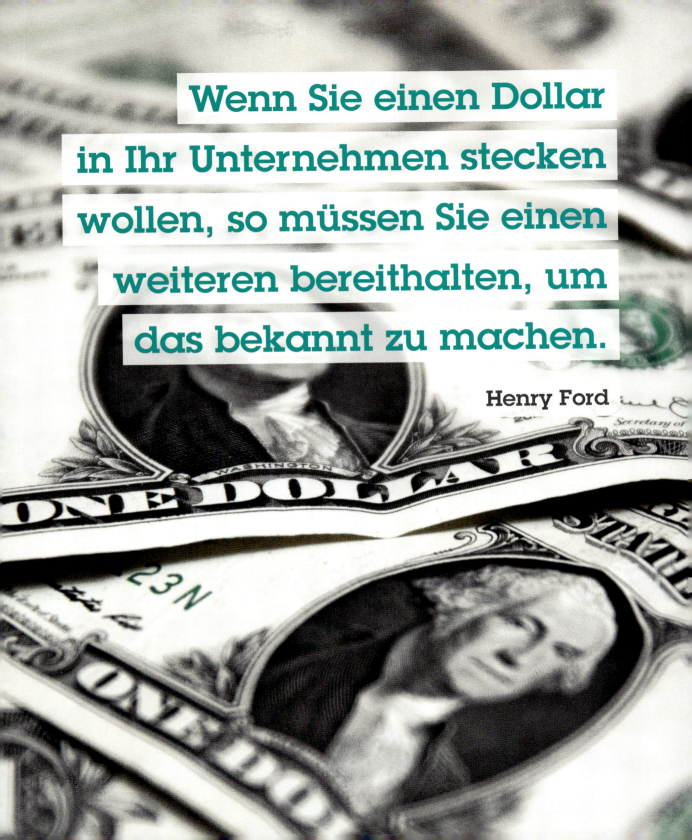

Herzen gewinnen: Glauben Sie nur nicht, dass man Vertrauen kaufen kann

Hand aufs Herz: Kennen Sie die Bedürfnisse Ihrer Kunden? Thomas Koch kommt in seiner Kolumne in der Wirtschaftswoche (wiwo.de) zu dem Schluss, dass viele Unternehmen und Marken das nicht tun und davon ausgehen, dass allein der Preis kaufentscheidend ist. Fakt ist, wer weiß, was seine Zielgruppe erwartet und Content-Marketing-Strategien für sich nutzt, bindet Menschen längerfristig an seine Marke, sein Unternehmen. Wir haben für Sie zusammengefasst, womit Sie punkten.

#1 Vertrauen verbindet

Das Vertrauen in ein Produkt oder eine Marke entsteht nicht durch den unschlagbar tiefen Preis und lässt sich auch nicht mit ein, zwei schnellen, halbherzigen Aktionen gewinnen. Gewisse Branchen verfügen allerdings laut dem Schweizer Autor Markus Haller (business24.ch) per se über einen kleinen Vertrauensvorschuss: „Die besten Startvoraussetzungen haben Technologieanbieter (78 %), Elektrohersteller (75 %) und Akteure der Automotive Branche (71 %). Allein die Zugehörigkeit zu diesen Branchen ist bereits ein Vorteil. Ganz hinten liegen die Bereiche Medien (51 %), Banken (53 %) und das Finanz-Servicegeschäft (54 %). Vertreter dieser Branchen müssen härter um Reichweite und Aufmerksamkeit ihrer Zielgruppe kämpfen."

Vertrauen fällt einem in der Regel also nicht einfach in den Schoß, sondern muss erarbeitet werden. Das braucht Zeit und eine wohlüberlegte Strategie. Menschen vertrauen vorrangig denen, meint der Leipziger Content Marketer Jens Pacholsky (produkte-kommunizieren.de), die ihnen helfen – aus Leidenschaft, Pflichtbewusstsein und aus freien Stücken – und nicht denen, die sie mit Werbung bedrängen. Anders gesagt: Hochwertiger Content, der die Bedürfnisse der Zielgruppe trifft, ist ein wichtiger Bestandteil im Prozess des Vertrauensaufbaus. Guter Content macht ein Unternehmen bekannt, es wird in Suchmaschinen öfter und weiter vorne gereiht auftauchen, die guten Qualitäten sprechen sich herum. Bekanntheit ist ein nicht zu unterschätzendes Vertrauensplus, denn wenn wir etwas kennen, bringen wir ihm automatisch mehr Vertrauen entgegen.

Herzstück im Vertrauensbildungsprozess sind die Texte, die Sie veröffentlichen. Hier zählt – wir müssen es an dieser Stelle noch einmal betonen – Qualität mehr als Quantität: Setzen Sie auf seriös recherchierte Texte, die Ihre Leserschaft ansprechen, arbeiten Sie mit Storytelling und behalten Sie dazu auch immer die Usability Ihres Web-Auftritts im Auge. Wie viel Vertrauen wert ist, merkt man oft erst dann, wenn man sich verlorengegangenes Vertrauen mühsam wieder erarbeiten muss. Burger King geriet 2014 durch einen RTL-Bericht wegen unzureichender Hygiene und schlechter Arbeitsbedingungen in die Schlagzeilen. Das Unternehmen musste darauf umfangreich reagieren, zum Beispiel mit einer öffentlichen Entschuldigung und einem „Tag der offenen Küche" in vielen Filialen, damit sich die Kunden von der Sauberkeit in den Küchen selbst ein Bild machen konnten und das beschädigte Image wieder einigermaßen ins Lot kommen konnte.

#2 Kompetenzen teilen

Es geht nicht darum, den Kunden etwas vorzugaukeln, hochzustapeln oder möglichst viel zu versprechen, sondern darum, das eigene Wissen bzw. Informationen kostenlos und für alle abrufbar zur Verfügung zu stellen. Sie gewinnen mit gutem und somit eigentlich unbezahlbarem Content, wie Michael Firnkes in seinem Buch „Professionelle Webtexte & Content Marketing" (Hanser Fachbuch) ausführt, maximale Aufmerksamkeit. Know-how und Wissen überzeugen, vor allem als Lösungsvorschläge für kleine, alltägliche Probleme! Bieten Sie Ihren Kunden praktische Tipps, Hilfe und Insiderwissen von Profis aus dem eigenen Unternehmen an, lassen Sie Ihre Experten sprechen. Ein spezieller Downloadbereich auf Ihrer Website macht nützliche Informationen leicht zugänglich.

Im Fresh-Content-Kundenmagazin „Volumen" von KLIPP Frisör beantworten Frisörinnen als Expertinnen haarige Fragen der Leserinnen oder zeigen, wie man Frisuren step by step selbst machen kann. Es geht hier nicht um Werbeversprechen, Produktverkauf oder finanziellen Gewinn, sondern darum, der Zielgruppe einen Mehrwert zu bieten. Müssen Sie Angst haben, zu viel zu verraten? Nein, denn wie viel und was an Wissen Sie weitergeben, bleibt Ihre eigene Entscheidung und Sie gewinnen mit Sicherheit mehr, als Sie (preis-)geben. Wichtig: Kompetenz trägt wesentlich zur Vertrauensbildung bei.

#3 Authentisch sein

Authentizität schafft Glaubwürdigkeit und ist ein wesentlicher Erfolgsfaktor. Warum? Weil Authentizität impliziert, jemand steht zu sich selbst, auch zu seinen Schwächen und Fehlern, ist ehrlich und spielt einem nichts vor. Wenn neben der Einzigartigkeit auch die Glaubwürdigkeit für den Erfolg maßgeblich wird, dann reichen schlichte Behauptungen und auch die schönsten Werbeversprechen nicht mehr aus, denn das Produkt und sein Wert müssen für den Konsumenten fühl- und erlebbar sein. Wie erreicht man das? Einmal mit der gezielten Nutzung neuer Medienformen wie Social Networks, weiters mit Mut zu einer eigenen Meinung und Positionierung und last, but not least durch gute Content-Formate. Gefragt sind also eindeutige Botschaften, klare Fakten und nicht zu vergessen: Es muss und darf „menscheln"!

#4 Im Gespräch bleiben

Früher griff man ausschließlich zum Telefon oder schrieb eine E-Mail, wenn man unzufrieden war oder Fragen zu Produkten hatte. Die Kritik oder die Fragen blieben weitgehend interne Unternehmensangelegenheit. Social-Media-Plattformen machen heute einen öffentlichen Meinungsaustausch möglich. Das bedeutet aber auch, dass der Dialog zwischen Kunden und Unternehmen so sichtbar ist wie nie zuvor. Schlechter Service oder schnödes Nicht-Reagieren fallen schnell auf und sprechen sich herum. Trotzdem ist der Vorteil des offenen Dialoges für Unternehmen nicht zu unterschätzen: Sie erfahren damit nämlich, was ihre Kundschaft denkt, was sie erwartet. Nutzen Sie die Chance, in den Dialog zu treten, sprechen Sie Ihre Kunden in ihrem Lebensumfeld an und kombinieren Sie dazu alle möglichen zur Verfügung stehenden Kanäle. Kommunikation ist ein Service und Kunden wollen sich austauschen. Binden Sie sie deswegen bei der Beantwortung von Fragen auch mit ein. In Foren beantworten viele User Anfragen anderer Kunden. Als Unternehmen kann man mit diesen engagierten Personen zusammenarbeiten.

#5 Gefühle zeigen

Berühren Sie Menschen! Eine emotionale Bindung der Kunden zum Unternehmen erreicht nur, wer es schafft, Gefühle zu wecken. Interessant ist das, was unser Unterbewusstsein verführt, oft sind nicht die bewusst geäußerten Wünsche für eine Kaufentscheidung ausschlaggebend. Emotionen lassen unser Herz in Sekundenbruchteilen höherschlagen – oder eben nicht – und geben den Ausschlag zu einer Entscheidung. Es sind übrigens nicht nur Freude, Glück und Liebe, sondern interessanterweise auch negative Emotionen wie Angst, Zorn oder Scham, die uns ansprechen. Der australische Marketing-Experte Jeff Bullas weist in seinem Blog jeffbullas.com darauf hin, dass Männer besser auf freudige Inhalte reagieren, Frauen hingegen eher auf komplexere, vertrauenserweckende Emotionen. Junge Menschen zwischen 18 und 25 Jahren lieben es, überrascht zu werden, ein dynamischer Content kommt hier am besten an. Emotionen machen guten Content zu einer echten Herzensangelegenheit: Mit Storytelling starten Sie das Kopfkino, ein gut gewählter Titel macht neugierig und verführt zum Weiterlesen und bedenken Sie, dass auch eine gelungene Bildsprache, sprich unkonventionelle Fotos statt Beliebigkeit aus der Fotodatenbank, Storys lebendig werden lassen!

#6 Bleiben Sie das Original!

Auf den Punkt gebracht – interessant macht das, was Sie von anderen unterscheidet. Wer sich von den Mitbewerbern absetzen will, muss gegen den Mainstream schwimmen und mit eigenen Themen punkten. Mit einer copy of a copy reißen Sie niemanden vom Hocker. Kreativität, Ecken und Kanten, Humor und klare, eigene Positionen sind gefragt. Haben Sie Mut, erzählen Sie Ihre eigene(n) Geschichte(n)! ∎

Content Promotion: Vorhang auf für guten Content!

Guter Content hat sich auch eine große Zuhörerschaft verdient: Das Content Marketing Forum (CMF) hat zum Thema Content Promotion ein Whitepaper verfasst. In diesem CMF-Whitepaper gehen die Autoren der Promotion von Inhalten als essenziellem Bestandteil jeder Content-Marketing-Strategie nach.

Warum Content Promotion?

Immer mehr Unternehmen setzen bei der Kundenkommunikation auf Content Marketing. In der Konsequenz werden täglich neue Inhalte produziert, die um die Gunst der Audience buhlen. Gleichzeitig sind das Zeitbudget und die durchschnittliche Aufmerksamkeitsspanne der Leser aber begrenzt. Zum Vergleich: Während Anfang der 2000er die Penetranz von Werbebotschaften auf circa 3.000 pro Tag geschätzt wurde, liegt der Wert heute bei über 10.000! In der Konsequenz kann nur derjenige aus der Masse herausstechen, der dort für eine aufmerksamkeitsstarke Inszenierung eigener Inhalte sorgt, wo seine Audience unterwegs ist. Anders gesagt: Inhalt, der sich nicht bewegt, trägt nur selten zum Erfolg von Content Marketing bei.

Michael Schmitz (Profilwerkstatt): „Das A und O für erfolgreiche Promotion ist ein nachhaltiges Audience Development. Eine große Mehrheit der Verbandsmitglieder hat ihre Wurzeln im Verlags- und Mediengeschäft. Darum gehören Maßnahmen zum Aufbau und zur Entwicklung der Leserschaft und Abonnenten mithilfe gut gemachter Inhalte zum Daily Business."

Olaf Kopmann (Condé Nast Germany): „Viele Content Marketing-Ansätze sind zum Scheitern verurteilt, weil neben der Strategie auch das Team-Set-up nicht richtig durchdacht ist. Autoren und Coder sind wichtig, reichen aber bei Weitem nicht aus. Content-Vermarktungsspezialisten oder Audience Developer im Team sind essenziell."

Whitepaper „Content Promotion"

Die Promotion von Inhalten ist kostspielig und nicht jeder Inhalt eignet sich gleichermaßen dafür. Deshalb sollte bereits im Rahmen einer redaktionellen Planung überlegt werden, welche Contents für die Promotion erstellt, welche Marketingziele damit erreicht und welche Audiences adressiert werden sollen.

Wie kreiert man Kampagnen und plant für die Inszenierung an den Aufmerksamkeitsplätzen der Audiences? Welche Taktiken der Content-Promotion gibt es und welche zusätzlichen Kompetenzen sind für das Team unabdingbar?
Diese und weitere Fragestellungen beantworten die Autoren im Whitepaper.

Holen Sie sich das CMF-Whitepaper Content Distribution/Promotion!

Über die Whitepaper-Reihe des CMF

In acht Whitepapern widmen sich die Autoren einzelnen Bestandteilen des übergeordneten Themenkomplexes Content Marketing. Dabei wird das Programm durch das Content-Marketing-Mix-Modell („8P-Modell") eingegrenzt, welches das CMF bereits im ersten Whitepaper über die Distribution von Inhalten vorgestellt hat. Die Reihe ist ein wichtiger Bestandteil der Content-Marketing-Strategie des CMF und macht deutlich, warum die Mitglieder des CMF, Europas größter Verband für inhaltsgetriebene Kommunikation, Vordenker in diesem Bereich sind.

Content Marketing Forum (CMF):
Das CMF ist 2015 aus dem Forum Corporate Publishing (FCP) hervorgegangen und ist die Interessengemeinschaft der führenden Content-Dienstleister im deutschsprachigen Raum und mit mehr als 110 Mitgliedsunternehmen aus Deutschland, Österreich und der Schweiz der größte Verband dieser Mediendisziplin in Europa.

Wir sind mit Fresh Content ebenfalls Teil des CMF. ∎

BEST OF STORYTELLING

Wer hat recht: Griechische Tragödie oder Hirnforschung?

Storytelling ist ein modernes Marketinginstrument und ein Rezept aus der griechischen Antike. Was sagt unser „Oberstübchen" dazu?

Die Informationsflut hat es mit sich gebracht, dass wir Menschen uns mit Filtern behelfen, damit wir nicht untergehen und uns die unterschiedlichsten Botschaften, die uns permanent erreichen, nicht grenzenlos überfordern. Wir vertrauen dem Kinotipp von Freunden auf Facebook, scannen Nutzerbewertungen, bevor wir ein teures Produkt kaufen und glauben eher „echten" Menschen, die uns etwas erzählen (Nicht zufällig hat die Stammtisch-Meinung eine so hohe Wirkkraft). Werbe- und Marketing-Blabla wird demnach zunehmend ausgeblendet, denn was uns inhaltlich nicht nützt und uns im Leben nicht weiterhilft, bekommt keinen Platz in unserem Gedächtnis. Aus diesem Grunde ist es für Unternehmen unumgänglich geworden, Geschichten zu erzählen, wobei Authentizität das Zauberwort der Stunde ist. Echte Menschen erzählen echte Geschichten, das erhöht die Glaubwürdigkeit und die Identifikation und Anteilnahme.

Wir könnten uns nun auf die griechische Tragödie berufen und sagen: Das ist mehr als 2.000 Jahre alt und wirkt auch heute noch – warum auch immer, wir machen das jetzt auch. Oder wir schwenken in die moderne Wissenschaft, die nachweisen kann, wie unser Hirn tickt und warum sich Geschichten so gnadenlos schön in unseren Kopf und in unser Herz schmeicheln.

Eine Katastrophe!

Wir beginnen kurz und prägnant in der griechischen Antike, in der Aischylos, Sophokles und Aristoteles schon ziemlich den Durchblick hatten: Die Hauptperson gerät in einen Konflikt und steht Hindernissen gegenüber, eine Katastrophe lässt sich nicht abwenden. Die Zuschauer sollen Jammer und Rührung sowie Schrecken und Schauder durchleben – und das Ziel der Tragödie ist die Reinigung, die Katharsis von diesen Gefühlen beziehungsweise Erregungszuständen. Die alten (und die jungen) Griechen schlurften in ihren Sandalen geläutert, erleichtert … nach Hause. Soweit so gut bekannt, denn nichts anderes erleben wir in jeder Hollywoodstory, die uns anrührt, in jeder Youtube-Geschichte, die „hängenbleibt" und vielfach in den sozialen Netzwerken geteilt wird.

Woran nun liegt die Begeisterung für diesen Aufbau, warum fesselt uns eine Geschichte, die diese Merkmale aufweist, auch heute noch garantiert? Die Antwort fanden Hirnforscher – sie stellten fest, dass beim Geschichtenhören unser ganzes Gehirn aktiv ist, sogar jene Regionen, die eigentlich nur dann arbeiten, wenn wir Ereignisse selbst erleben! In einer guten Geschichte sind wir also tatsächlich „mittendrin". Kein Wunder, dass sich bei so vielen Kinobesuchern alle Schleusen öffnen, wenn das Traumpaar nicht zueinander findet. Ist man doch ein Teil dieser schicksalhaft-tragischen Liebesbeziehung!

Was passiert dabei noch in unserem Oberstübchen:
Menschen suchen in dem, was sie sehen, hören, erleben, einen roten Faden, einen Zusammenhang, das heißt, unser Gehirn konstruiert sehr fleißig selbst Geschichten; wir suchen das sinnvolle Ganze. Ohne Verknüpfungen ergibt sich kein Sinn und ohne Sinn ist es ungleich schwieriger, den Zuhörer/Seher zu motivieren (zum Beispiel zum Weiterlesen). Der israelisch-amerikanische Psychologe Daniel Kahneman hat unser Gehirn in zwei Systeme unterteilt. System 1 ist für schnelle Eindrücke zuständig, spontane Gefühle, wir schätzen intuitiv Situationen ein – es hilft uns zu überleben. System 2 geht weiter; es ordnet ein, längerfristige Problemlösungen finden hier statt – „es" denkt weiter. Nun ticken wir aber so, dass System 1 dominiert, weil es ganz einfach schneller ist. Das heißt, wir beurteilen eine überraschende Situation mit System 1 (rasch, intuitiv, „aus dem Bauch heraus") und unser System 2 erklärt dann mitunter dieses Urteil „vernunftbetont" – manchmal selbst dann, wenn wir das Urteil Nummer 1 nach reiflicher Überlegung eigentlich revidieren müssten …

Eine gute Story spricht in erster Linie System 1 an. Es liebt das Eingängige, gut Dargebotene aber auch sinnvoll Geordnete (Carsten Rossi in: Storytelling, Verlag Hanser). Eine gute Story rührt uns emotional und ist aber auch rational verknüpft. Emotion und Kausalität gehören zusammen (Batzgen/Tropp: Brand Content, Verlag Schäffer/Poeschel).

Die Reise des Helden

Eine gute Story ist immer eine „Heldenreise" – und hier sind wir wieder bei der griechischen Tragödie, die sehr früh und ohne wissenschaftliche Forschung erkannt hat, worauf es dem Menschen ankommt. Eine Held oder eine Heldin schafft auf gut marketingdeutsch „Touchpoints", Berührungspunkte, weil er oder sie eine Identifikationsfigur für uns darstellt. Er oder sie begibt sich auf Abenteuerreise. Ein Hindernis, ein Konflikt, taucht auf und muss überwunden werden. Eine Veränderung muss in die Wege geleitet werden, wer hilft dabei, die Hindernisse zu überwinden? Das Ergebnis der Bemühungen ist im Idealfall ein Happy end. Auf alle Fälle entlässt sie uns „gereinigt" (Katharsis). Die Erregungs- und Gefühlswogen sind wieder geglättet, wir verlassen aufatmend das Schlachtfeld/das Theater/den Kinosaal oder klappen das Buch zu, klicken das Video weg (bzw. teilen es zuvor).

Da Geschichten unser Verhalten beeinflussen, ist Storytelling eines der wirkungsvollsten Marketinginstrumente. Wir alle wissen, gute Storys werden nicht ausgeblendet, sondern weiter verbreitet und tausendfach geteilt. Menschen wollen eine gute Story kennen. Sorgen wir dafür, dass sie sie bekommen. ■

INTERVIEW

In die Herzen der Menschen reinerzählen: „Da ist noch viel Luft nach oben"

Wir haben Florian Wieser, Mitbegründer und Vorstandsmitglied des Zürcher Centers for Storytelling, gefragt, wohin sich Storytelling im Content Marketing entwickeln kann, wo es an seine Grenzen stößt und was gute Geschichten ausmacht.

Können Sie uns das Center for Storytelling (cfs) kurz vorstellen? Was sind die Ziele, Aufgaben und aktuellen Projekte?

Florian Wieser: Das Center for Storytelling wurde gegründet, um die Vielfalt des Geschichtenerzählens in Wirtschaft, Wissenschaft und Kunst/Kultur genauer zu betrachten und zu vermitteln. Wir haben einerseits eigene Storytelling-Projekte, eigene Forschungsprojekte und die jährliche Konferenz, die den Zugang zum Storytelling mit vielen verschiedenen internationalen Rednern ermöglicht und zum Denken anregen soll.

Das cfs veranstaltet jedes Jahr eine Konferenz – voriges Jahr ging es zum Beispiel um den Aspekt Identität –, was ist für heuer geplant?

Florian Wieser: Wir machen nach drei Jahren erstmals eine Pause und nutzen die Zeit, um die Zukunft des Centers zu gestalten und um eine klarere Positionierung und ein eindeutigeres Angebot zu formulieren.

Inwieweit können uns Geschichten beeinflussen? Tun sie das heute mehr oder weniger als früher?

Florian Wieser: Das Geschichtenerzählen ist nicht neu und ich glaube, auch nicht mehr geworden. Was sich geändert hat, ist das „Wo". Durch die Medienvielfalt und das Internet im Besonderen sind all die Geschichten, die sonst am Stammtisch, in den lokalen Medien oder in Expertengruppen erzählt wurden, nun für alle findbar und zugänglich. Die Menschen stellen aus verschiedensten Motiven ihre Geschichten im Internet zur Verfügung, die Geschichten sind also öffentlich abgelegt. Durch die Social Networks haben wir das Sharing trainiert. Die Geschichten fangen an, durch Empfehlung zu wandern. Und wir haben das Phänomen, dass sich diese Geschichten durch verschiedene Kontexte bewegen und plötzlich einen Nerv treffen, der das Interesse einer breiteren Öffentlichkeit auf sich zieht und dadurch viral wird. Die Reichweiten haben sich enorm fragmentiert, Reichweite ist jetzt eine Summe von kleinen Rezipientengruppen. Wir haben Formen wie Citizen Journalism, die uns erzählen, wie es tatsächlich ist oder wie es gerade jetzt live an einem Ort des Geschehens ist. Wir haben Wikileaks und Edward Snowden. Wir haben gesehen, dass mit dem Arabischen Frühling ganze Regierungen gestürzt werden können, durch kreisende Geschichten, digitale Mobilisierung und Solidaritätsbekundungen rund um den Globus. Die Menschen haben diese Machtverschiebung für sich entdeckt und glauben mehr denn je an das „Alles ist möglich". Das prägt enorm.

Die tatsächliche Auswirkung auf die nächste Generation, die oft zitierten Digital Natives, ist noch nicht vollends abschätzbar. Einzelne Ausprägungen in der Arbeitswelt lassen erste Schlüsse zu. Wir sind gespannt.

Storytelling ist als Methode aus dem Content Marketing nicht mehr wegzudenken. Glauben Sie, dass das Interesse an Geschichten weniger wird oder verloren geht, wenn wir – nach dem Motto „Jeder hat seine Geschichte zu erzählen" – von Geschichten überschwemmt werden? Wird das kommerzielle Storytelling an seine Grenzen stoßen?

Florian Wieser: Den Umgang mit der Informationsflut trainieren wir nun über 20 Jahre im Internet. Davor wurde es ja bereits mit den „klassischen Medien" mit jedem neuen TV-Sender oder jedem neuen Special-Interest-Magazin mehr und mehr. Wir sind hier schon sehr effizient geworden. Die Algorithmen versuchen, uns zu helfen, und werden auch immer besser. Trotzdem spricht man von der Filter-Bubble, die uns nur noch das zeigt, was uns scheinbar – unserem Verhalten im Internet nach zu schließen – interessiert. Das verunmöglicht die Spontaninspiration durch zufälliges Finden von Geschichten und Informationen, da wir uns nur noch im eigenen Interessenssumpf bewegen.

> „Die Schnittstelle Mensch wird sich immer wieder vom maschinellen oder auch kommerziellen Diktat zu lösen versuchen und aus der Filter-Bubble ausbrechen."

Das kommerzielle Storytelling stößt bereits an seine Grenzen. Es kann sich nur noch besser in die Herzen der User, Konsumenten, Leser, oder wie man den Rezipienten auch nennen mag, reinerzählen. Da ist noch viel Luft nach oben. Die Grenzen sind meist selbst gemacht: Innensicht statt Kundenorientierung, Abteilungskampf statt Vernetzung, Werbung statt Geschichte. Das wird zum Glück von den Menschen oder eben Kunden gesteuert, die solche Geschichten schlicht mit Ignoranz abstrafen. Wer keine Geschichte hat, sondern nur sein Logo neben einer Berühmtheit sehen will, hat kürzere Aufmerksamkeit und nichts für die Beziehung mit den Menschen getan.

Storytelling ist das Instrument, mit dem die Beziehung zwischen Unternehmen und Menschen gestaltet und gestärkt wird – für Ziele wie mehr Umsatz, Kostenreduktion, Produktoptimierung, verlängerte Aufmerksamkeit und Kredibilität.

Geben transmediales Erzählen, Crossmedia-Erzählen oder visuelles Storytelling die zukünftige Richtung vor? Können hier auch kleinere Firmen mithalten und sich den Aufwand leisten?

Florian Wieser: Die Form des Storytellings kann sich stets wandeln. Aktuell sind die genannten Formen vermehrt im Einsatz. „Ein Bild sagt mehr als 1.000 Worte" ist ja keine Erfindung des 21. Jahrhunderts. Insofern gibt es ein paar „Wahrheiten", die es einfacher machen, sich zu vermitteln. Der Aufwand und das Ressourcenthema entscheiden über Erfolg oder Misserfolg. Die Größe des Unternehmens hat aber damit nichts zu tun. Im Gegenteil: Das Storytelling hat es kleineren Firmen erst möglich gemacht, sich Gehör zu verschaffen im Kampf um die Aufmerksamkeit, wo Millionenbudgets in TV- und Print-Werbung dominierten. Plötzlich ist da das Spezialitätengeschäft, das durch einen Blog und einen schön geführten Instagram-Account die Menschen begeistert und in alle Welt seine Produkte versendet. Storytelling hat es ermöglicht, in der Liga der Großen mitzuspielen. Die großen Unternehmen haben die Herausforderung, gegen viel Herzblut, Leidenschaft und Authentizität anzutreten, was sich nicht mit Millionenbudgets aufholen lässt.

> „Die Marktmacht ist nicht mehr Allheilmittel. Und die Menschen wertschätzen die glaubwürdigen Storys und lernen, was konstruiert oder authentisch ist."

Inwiefern beeinflussen und verändern soziale Medien das Storytelling?

Florian Wieser: Die Geschichten werden teilbar, User können sich in die Geschichte einschalten, Firmen müssen mit Feedback und Dialog rechnen. Geschichten werden messbarer, User werden einschätzbarer durch ihr Verhalten und last, but not least hat jede noch so kleine Geschichte die Möglichkeit, ganz groß zu werden, was sich Firmen und User gleichwohl wünschen.

Was ist für Sie persönlich das Reizvolle und Spannende am Storytelling und was macht für Sie eine gute Geschichte aus?

Florian Wieser: Sorytelling ist eine wunderbare Erweiterung für alles, was bereits gemacht wird. Das beziehe ich besonders auf die digitalen Kanäle. Wenn Unternehmen bereits alles im Einsatz haben von klassischer Werbung, Blog über Apps und Social Channels bis Microsites und Community-Foren, sehen wir Storytelling als das Differenzierungsmerkmal, eine Zielgruppe glaubwürdig zu erreichen und nachhaltigen Mehrwert zu entwickeln. ∎

INTERVIEW MIT
FLORIAN WIESER

Geb. in Graz, Studium der Neuen Medien in Zürich. Mitgründer von BoxNetworkEurope.com, Gründer des CenterForStorytelling.org. Doziert an Hochschulen moderne Kommunikationsstrategien. 2015 startete er The Relevent Collective AG. **therelevent.com, florianwieser.com**

Foto: florianwieser.com

GASTBEITRAG

Story? Tell it!
Wer will schon Fakten-Pornos?

Als vor rund 15 Jahren der Begriff Storytelling im deutschen Sprachraum aufkam, klang er für mich wie eine weitere dieser Augenauswischereien, die dem denglischen Großsprech-Kasten von Marketingfuzzis entnommen schienen, und die oftmals zu 120 Prozent aus heißer Luft bestehen.

Mittlerweile unterrichte ich Storytelling an der FH JOANNEUM und habe mich eines Besseren belehrt: Storytelling in Journalismus, Werbung und PR ist nichts anderes als die Aufbereitung von Informationen nach erzähltechnischen Kriterien, um das Leserinteresse zu wecken, zu steigern oder zu halten. Leider gibt es keinen sexy deutschen Ausdruck dafür, denn „Geschichten erzählen" trifft es zwar so halbwegs, hat aber im Deutschen auch die Bedeutung „lügen, schwindeln", und diese Konnotation möchte man gerade im Kontext von Journalismus und PR tunlichst vermeiden.

Der Mensch ist des Menschen Story

Storytelling also rückt die handelnden oder betroffenen Personen eines berichtenswerten Ereignisses in den Mittelpunkt, weil es für Menschen nichts Interessanteres gibt, als etwas über andere Menschen zu erfahren. Jede gute Reportage, jeder gelungene Werbespot funktioniert nach diesem Prinzip – und das schon lange bevor man dazu „Storytelling" sagte: Nicht die Wirkstoffe eines Waschmittels sind interessant, sondern die Hausfrau, die damit die Grasflecken aus dem blütenweißen Fußballshirt des Sohnes waschen kann. Dass die Fußballleiberfleckengeschichte bis heute im deutschen Werbefernsehen überlebt hat, beweist, wie wirksam selbst einfallsloses Storytelling ist. Die fundierten literaturwissenschaftlichen Kenntnisse, die ich mir anno dazumal beim Germanistikstudium in Graz angeeignet habe, erweisen sich beim Vermitteln von Storytelling an der FH nun als Vorteil: Erzählperspektiven, Erzählverläufe, Erzählstrategien – all das kann

GASTBEITRAG
MAG. WERNER SCHANDOR
Autor und Leiter der PR-Agentur Textbox in Graz. Werner Schandor unterrichtet Storytelling an den Studiengängen „Journalismus und PR" sowie „Public Communication" an der FH JOANNEUM Graz. **www.textbox.at**

Foto: Privat

einen dabei unterstützen, die für das jeweilige Thema optimale Geschichtenstruktur zu finden. Das Um und Auf ist aber das Gespür dafür, was überhaupt eine Geschichte ausmacht. Und das hat seit jeher immer auch mit Konflikten, Schicksalsschlägen oder der Überwindung von Hindernissen zu tun. Und wenn's nur darum geht, Grasflecken aus einem T-Shirt zu bekommen.

Fakten-Porno statt Unternehmensstory

Während Storytelling im Journalismus seit Jahrzehnten praktiziert wird und mittlerweile seinen Weg von den Wochenmagazinen in die Tageszeitungen gefunden hat, überwiegt in der PR und in technikaffiner Werbung noch vielfach die Mentalität des Fakten-Pornos, bei dem möglichst detailliert Kenndaten eines Produktes in den Mittelpunkt gestellt werden. Hand aufs Herz: Wen lockt die Tatsache, das neue Smartphone von XY würde von einem „A10 Fusion Chip mit 64-Bit Architektur und integriertem M10 Motion Coprozessor" angetrieben, wirklich hinterm Ofen hervor? Oder – noch absurder – das „innovative Anti-Aging-System", mit dem Haarshampoos und andere Kosmetika beworben werden? Man will doch lieber wissen, wie cool man mit dem neuen Handy dasteht oder wie blendend seidig das Haar nach der Wäsche auf die Schultern fällt, um sowohl in Fall A als auch in Fall B anziehend auf das jeweils begehrte Geschlecht zu wirken. Oder um zumindest (im Fall des Handys) ruckelfrei mit dem Smartphone surfen zu können.

Besonders heimische Klein- und Mittelbetriebe haben ein großes Entwicklungspotenzial, wenn es ums Storytelling geht. Die Verantwortlichen sind sich oft nicht bewusst, welche Geschichten in ihren Betrieben brachliegen. Meine „Story-Matrix" kann hier Abhilfe schaffen, denn sie verdeutlicht, welche Storys aus den Betrieben für wen erzählt werden können. ∎

BUCHTIPPS

Marie Lampert/Rolf Wespe
STORYTELLING FÜR JOURNALISTEN
Lampert und Wespe vermitteln praxisorientiert, worauf beim Schreiben von Reportagen zu achten ist. Sehr nützlich ist das Kapitel über die Erzählverläufe, die anhand ausgewählter Beispiele idealtypische Strukturen von Geschichten erkennbar machen: von der chronologisch erzählten Story bis hin zur archetypischen Heldenreise.

Petra Sammer
STORYTELLING. DIE ZUKUNFT VON PR UND MARKETING
Gute Geschichten sind kein Zufall, sondern von mehreren Faktoren abhängig. Petra Sammers Referenzwerk für die PR-Branche ist fundiert geschrieben, mit zahlreichen aktuellen Beispielen unterfüttert und in der Argumentation perfekt ausbalanciert. Die deutsche PR-Expertin zeigt darin auf, warum in welchem Kontext welche Geschichten besser funktionieren als andere. Leseempfehlung!

INTERVIEW

Alles, was erzählt: Folke Tegetthoff über Storytelling im Tourismus

„Ich bin glücklich, dass man das endlich kapiert hat", sagt Folke Tegetthoff, der Urvater des Geschichtenerzählens und -erfindens, angesichts der Tatsache, dass der Wert von Geschichten in der Kommunikation nun überall erkannt wird. Und dennoch ist sein Ansatz besonders, denn „echt" im Sinne von „wahr"/„verbürgt" müssen Geschichten nicht sein, damit sie Zuhörer finden, berühren und binden. Im Gespräch plädiert er für die Fantasie im (touristischen) Storytelling.

Wie empfinden Sie es, wenn das Geschichtenerzählen, wie Sie es seit Jahren und Jahrzehnten kultivieren, plötzlich – scheinbar neu „erfunden" – als Storytelling auf die Bühne zurückkehrt?

Folke Tegetthoff: Ich muss schmunzeln: Weil es beweist, dass gewiefte Marketingspezialisten alles aufbereiten können, um es als etwas anderes, Neues zu verkaufen. Ich kann mich gut erinnern, als ich vor ca. 25 Jahren versucht habe, genau diesen Ansatz Unternehmen näherzubringen – man hat mich ausgelacht ... Nicht zu vergessen, dass ich vor nunmehr 33 Jahren (!) mit einer Idee, die man heute „Storytelling-Konzept" nennen würde, die Österreich Werbung überzeugen konnte, meine „Welttournee des Märchens" zu finanzieren! Zum anderen aber bin ich sehr glücklich, dass man das endlich kapiert hat, denn es geht ja um die Sache und nicht darum, ob ich es vor 30 Jahren schon besser wusste ...

Kaum eine touristische Region, die nicht auf die Methode des Geschichtenerzählens aufmerksam geworden ist. Sie haben bereits für einige Regionen Storytelling-Projekte umgesetzt. In Piran haben Sie etwas Außergewöhnliches gemacht: zehn neue Sagen erfunden. Geschichten, die auch im Bild illustriert wurden ...

Folke Tegetthoff: Die „10 neuen Sagen" waren nur ein (kleiner) Teil eines touristischen Gesamtkonzeptes, das ich für die gesamte Region Obala entwickelt habe – alles eingeschlossen: von der Entwicklung eines USP bis zur Bewusstmachung der Wichtigkeit von Qualität und der Entwicklung einer völlig neuen Bildsprache.

Sie nennen es eine unabdingbare Notwendigkeit, im Tourismus Geschichten zu erzählen. Warum ist das so wichtig?

Folke Tegetthoff: Tourismus ist für mich nichts anderes als eine Form von Kommunikation: Die Destination erzählt und der Gast hört zu. Je interessanter, je intensiver und – wichtig – ehrlicher die Geschichte ist, umso besser wird der Gast zuhören. Das heißt: kommen, das Angebotene genießen und wiederkehren. Denn nur eine gute Geschichte ist imstande, jene Emotionalität zu erzeugen, die den Gast bindet – genau das Gleiche und nichts anderes als diese Ursehnsucht, die bei einem Gespräch zwischen zwei Menschen entsteht: verstanden zu werden!

Dürfen diese Geschichten, die man erzählt, auch gut erfunden sein? Welchen Kriterien müssen sie entsprechen?

Folke Tegetthoff: Natürlich! Darin unterscheidet sich mein Konzept beziehungsweise meine Philosophie ganz grundsätzlich von den gängigen Storytelling-Konzepten, die besagen, die Geschichte muss authentisch sein und meinen, dies können nur „echte" Geschichten sein. Das halte ich für unsinnig, denn auch meine (erfundenen) Geschichten tragen eine Wahrheit und Authentizität in sich – nur beziehen sie noch eine andere, weitere Dimension, die der Fantasie, in die erzählte Geschichte mit ein.
Keinem Norweger würde es wahrscheinlich einfallen, wenn er von seinem Land erzählen soll, Florida einzubinden. Aber wenn ich Norwegen selbst erzählen lasse, kann ich Florida, wie auch immer, einbauen und diese Metapher für meine Geschichte nützen. Wer bitte entscheidet jetzt, ob dies authentisch ist oder nicht?! Ich habe dies nicht nur für Piran, sondern auch für die Bucklige Welt schon sehr erfolgreich umgesetzt.

Es sind meist Menschen, die Geschichten erzählen. Es können aber auch Leuchttürme, Kirchen, Pflastersteine oder Brücken Geschichten erzählen. Wie viel haben Geschichten mit Geschichte, Historie zu tun?

Folke Tegetthoff: Das ist genau, was ich mit Authentizität meine: Das ist eine der großartigen Herausforderungen, genau das zu tun – Geschichte mit Geschichten zu verweben! Und der Dichter – nicht der Marketingspezialist oder Texter – ist das Sensorium, diese Geschichten aufzuspüren.

Wenn einer eine Reise tut, dann kann er was erzählen. So lautet ein altes Sprichwort. Man muss aber auch ihm etwas erzählen, damit er eine Reise macht. Haben Sie schon einmal ganz bewusst darauf geachtet, was Sie zu einer Reise oder zur Wahl eines Reiseziels (ver-)führt? Gibt es eine gut umgesetzte Storytelling-Kampagne, die Sie als gelungenes Beispiel nennen könnten?

Folke Tegetthoff: Ich will es anders ausdrücken: Es gibt praktisch keine erfolgreiche Destination, die KEINE Geschichte erzählt. Früher hat man das eher intuitiv gemacht, heute engagiert man dafür Agenturen, die etwas „erfinden". Warum fährt jemand nach Israel? Doch nicht des Meeres oder Tel Avivs wegen. Das ist austauschbar. Nein, die Möglichkeit, DIE Geschichte wahrhaftig zu erleben, zu atmen, auf den Steinen zu wandern, auf denen auch vielleicht ER ging – das ist die Motivation. Und: Ich liebe das Schild, das ich einmal an einem schottischen Ausflugsziel gesehen habe:

„**Hier ritt König Edward VII 1831 – vielleicht – vorüber!**"

Das ist Storytelling in seiner einfachsten und effektivsten Form!

Geschichtenerzählen passiert heute multimedial. Hat sich mit dieser Tatsache auch Ihr Erzählkunstfestival verändert?

Folke Tegetthoff: Das ist ja genau das Geheimnis unseres Festivals: dass wir etwas präsentieren, das sich 10.000 Jahre nicht verändert hat! Wir haben nur den Begriff Erzählen erweitert und präsentieren nicht mehr nur Sprache, sondern von Körperkunst, hochwertiger Clownerie und Beatboxing bis Musik alles, was erzählt – na ja, und das ist eben eigentlich … alles! ∎

**INTERVIEW MIT
FOLKE TEGETTHOFF**

Schriftsteller und Erzähler. Gründer des Erzählkunstfestivals. Tegetthoff gilt weltweit als Begründer einer neuen Erzählkunsttradition. Bis dato sind von ihm 43 Bücher in zwölf Sprachen (Gesamtauflage rund 1,5 Millionen Exemplare) erschienen. **www.tegetthoff.at**

Foto: Oliver Wolf

Storytelling.
Kein Trend. Zwang.

Storytelling here, Storytelling there, Storytelling everywhere. Man wird nahezu erschlagen von all dem Storytelling. Buchstäblich.

Mit einem Prügel bewaffnet, ein selbstgerechtes Grinsen aufgesetzt, stellt es sich uns in den Weg. Strotzend vor Selbstvertrauen, in dem Wissen, dass wir es brauchen, dass wir nicht ohne es klarkommen, dass es schon immer da war und dass es vorhat zu bleiben.

Doch wie kommt es zu dieser dreisten Annahme? Wenn man dazu einen der unzähligen Fachbeiträge im Internet konsultiert, könnte man schnell meinen, ausgemacht zu haben, dass es sich bei Storytelling um einen zwar äußerst wirkungsvollen, aber nichtsdestotrotz neuen Trend im Bereich des Marketings handelt. Punkt.

Doch weit gefehlt, denn da ist er auch schon. Der Trugschluss. Keineswegs handelt es sich bei Storytelling um einen Trend. Im Gegenteil, ich traue mich zu behaupten, dass Storytelling, „Geschichten erzählen" also, wohl eine der dem Menschen am meisten inhärenten Eigenschaften ist. Dabei meine ich gar nicht die Eigenschaft, Geschichten zu erzählen per se, sondern vielmehr den Reflex, Geschichten im Kopf zu kreieren, man könnte fast sagen, kreieren zu müssen.

Helfen Sie mir, Ihnen dies zu veranschaulichen, und lesen Sie bitte folgende drei Sätze:
1. *Er sitzt an seinem Schreibtisch.*
2. *Kurt kommt bei seiner Recherche zum Thema „Storytelling" nicht weiter, schiebt Frust, wird wütend und zerschlägt seine Tastatur am Computermonitor.*
3. *Gerti steht in der Küche, hat Angst und weint.*

Und nun geben Sie es zu. Aus Kurt im zweiten Satz, der offensichtlich am Computer – also am Schreibtisch(?!) – arbeitet, wurde in Ihrem Kopf automatisch dieser Er aus dem ersten Satz. Denn Kurt und Er schließen sich nicht aus, ganz im Gegenteil, sie passen sogar richtig gut zusammen und das freut den Geschichtenerzähler in unserem Gehirn. Und dass Menschen, die an Computern arbeiten, immer wieder an Schreibtischen anzufinden sind, lässt Kurt und Er endgültig eins werden.
Und die arme Gerti aus Satz 3? Ich kann die Bilder, die beim Lesen von Satz 3 in Ihrem Kopf gemalt werden, förmlich sehen. Wie Gerti dasteht. Weinend. Am ganzen Körper bebend vor Angst. Im Nebenzimmer der laut ausrastende Kurt. Mit Computerzubehör um sich werfend. So richtig schauderhaft.

Die Storyfactory in unserem Gehirn

Obwohl diese drei Sätze für sich allein nichts mit den jeweils anderen zu tun haben und Er, Kurt und Gerti niemals in Zusammenhang gebracht wurden, hat doch eine Handvoll kleinster Möglichkeiten einer Verbindung gereicht und die Storyfactory in Ihrer rechten Gehirnhälfte schüttelt einen drehreifen Hollywood-Blockbuster aus dem Ärmel. Oder einen Art House-Film, wie auch immer Sie drauf sein mögen.

Lassen Sie mich Ihnen ein weiteres, und um uns etwas vom Schicksal der armen Gerti abzulenken, amüsanteres Beispiel geben. Lesen Sie dazu die beiden folgenden Aussagesätze. Lassen Sie sich dabei ruhig etwas Zeit, Sie wissen ja schon, wie der Hase läuft.

1. Hey, die Müllabfuhr ist da.
2. Sag ihm, wir brauchen nix.

Ich muss zugeben, ich kann mir das Lachen kaum verkneifen, wenn ich mir den etwas dicklichen Mann im orangen Overall vorstelle, wie er Ihnen, in alter Staubsaugervertreter-Manier mit offenem Musterkoffer in XXL, gerade an der offenen Haustüre seine Waren anbietet. Nun gut, das mag eine Ansammlung einfältiger Klischees sein und vielleicht haben Sie es sich auch ganz anders vorgestellt. Aber ich gehe nahezu jede Wette mit Ihnen ein, dass Sie trotzdem nicht widerstehen konnten, die beiden Sätze miteinander zu verbinden. Genauer gesagt Satz 2 als Reaktion auf Satz 1 wahrzunehmen.

Das ist auch kein Wunder. Abgesehen davon, dass wir das bereits in Beispiel 1 durchgegangen sind und der Witz, auch wenn es kein besonders guter ist, sonst gar nicht mehr funktionieren würde, ist es, wie bereits erwähnt, nun mal so, dass dieser oben genannte Reflex tief in uns verankert ist. Neurologisch. Klappe zu, Affe tot.

Garantiert „zuckerfrei"

Das wirklich Spannende wird es nun sein, über welche Wege und auf welche Art und Weise das Storytelling seinen Weg an die Spitze der Marketingstrategien findet. Um dort zu thronen und zu verweilen. Denn ich vermute, dass wir in einigen Jahren zurückblicken werden auf die Zeit, als Storytelling ach so neu war. Amüsieren werden wir uns. Über uns selbst und über diese einschneidende, alles verändernde Wende. Vergleichbar in etwa mit irgendwann einmal revolutionären Neuerungen der Geschichte, wie der Abseitsregel im Fußball, dem Wort „zuckerfrei" in der Lebensmittelindustrie oder dem Sicherheitsgurt im Auto.

Aber vor allem werden wir uns wundern. Wundern darüber, wie wir je Marketing betreiben konnten ohne Storytelling ... ∎

INTERVIEW

Storys für die Bahn: Geschichten erzählen auf Teufel komm raus

„Während einer Zugfahrt von Wien nach Graz saß ich mit dem Teufel in einem Abteil. Ich war sehr rechtzeitig am Hauptbahnhof gewesen, der Zug stand bereits am Perron ..." So beginnt Michael Köhlmeiers Beitrag für den Bahnreiseblog der ÖBB. „Storytelling in seiner schönsten Form!", sagt Marketingberater Peter Baumgartner.

2015 startete der Bahnreiseblog railaxed.at der ÖBB. Welches Ziel verfolgt dieser?

Peter Baumgartner: Ziel des Blogs ist es, Lust aufs Verreisen mit der Bahn zu machen und das Auto bei der nächsten Reise einfach einmal stehen zu lassen. Denn: Wer Bahn fährt, hat endlich wieder Zeit zum Lesen ;-)

Wie schaut das Konzept für den Blog aus? Welche Vorgaben machen Sie den Autoren?

Peter Baumgartner: 52 Autorinnen und Autoren liefern einen Beitrag über eines ihrer Lieblingsreiseziele. Gemeinsamer Nenner aller Beiträge ist, dass die Bahn zumindest bei der Anreise eine Rolle spielt, wobei natürlich nicht die Bahnfahrt im Mittelpunkt stehen muss. Die gewählte Destination muss auch nicht zwingend über einen Bahnhof verfügen – falls die letzten Kilometer mit Taxi, Postbus, Leihauto oder zu Fuß zurückgelegt werden, ist das genauso in Ordnung.

Ist es Zufall, dass viele Schriftsteller unter den Autoren sind?

Peter Baumgartner: Nein, ist so gewollt. Ganz einfach, weil Schriftstellerinnen und Schriftsteller in der Regel was zu sagen haben.

Wie werden die Autoren ausgewählt?

Peter Baumgartner: Ich frage bei interessanten Persönlichkeiten an, ob sie teilnehmen wollen. Ziel ist eine möglichst breite Auswahl aus verschiedensten Stilrichtungen, Themenbereichen und Destinationen.

Geben Sie ein bestimmtes Thema in Auftrag oder sind die Autoren völlig frei?

Peter Baumgartner: Die Autoren sind in ihrer Destination und ihrem Thema frei.

„Während einer Zugfahrt von Wien nach Graz saß ich mit dem Teufel in einem Abteil." So beginnt ein Beitrag von Michael Köhlmeier. Ein märchenhafter, sehr fiktionaler Ansatz. Das ist Storytelling für die Bahn, sehen Sie das auch so?

Peter Baumgartner: Natürlich geht es bei railaxed auch um Storytelling, nicht nur im Beitrag von Michael Köhlmeier, da es ja um Inspiration geht. Ein alter Werbeslogan sagt: „Urlaub beginnt im Kopf." Das ist unser Ansatz für railaxed.at. Die schönsten Bahnreisen beginnen bereits beim Lesen darüber. Und wenn ein begnadeter Geschichtenerzähler wie Michael Köhlmeier übers Bahnfahren schreibt, dann ist das Storytelling in seiner ursprünglichsten und schönsten Form.

Beim Thema Content Marketing geht es um inhaltsbezogene Kommunikation, die von Unternehmen neben Werbung und klassischer PR genutzt wird, um Kunden zu erreichen und zu binden. Welchen Stellenwert hat Content Marketing bei den ÖBB?

Peter Baumgartner: Content Marketing genießt einen sehr hohen Stellenwert, die ÖBB verfügen über viele analoge und digitale Kanäle, die sie immer stärker mit eigenem Content bespielen – zu unterschiedlichsten Themen mit unterschiedlichen Medien – vom klassischen Artikel bis zum Bewegtbild.

Es heißt, die Beziehungsfähigkeit einer Marke ist ebenso wichtig wie ihr Produkt, ihre Leistung. Die ÖBB wurden für ihre Online-Kommunikation mehrfach ausgezeichnet. Welche neuen Ideen gibt es, um diese Beziehungsfähigkeit noch weiter zu erhöhen?

Peter Baumgartner: Der Kern jeder Marke ist immer noch ihr zentrales Versprechen, also der Nutzen, den Produkte und Services bieten – das behaupte ich als Markenberater jetzt einfach einmal so. Beziehungsfähigkeit kann niemals diesen Kern ersetzen, ist aber wichtig, weil die Marke ja per se die Schnittstelle zwischen dem Kunden/User/Interessenten und dem Angebot darstellt.

Wer Bahn fährt, hat mehr Möglichkeiten, die Zeit zu nutzen. Macht der Bahnreiseblog Lust, sich diesen Luxus und diese Möglichkeiten öfter zu gönnen?

Peter Baumgartner: Ganz eindeutig: ja! Qualitätszeit ist heute ja der eigentliche Luxus. Und Bahnfahren bietet diesen Luxus – Zeit zum Lesen, zum Entspannen, Genießen oder auch zum Arbeiten. Nicht umsonst arbeiten die ÖBB sowohl in Kampagnen als auch in der Online-Kommunikation mit dem Thema „railaxed". Bahnfahren wird damit zum Lebensgefühl und Lebensstil. Projekte wie railaxed.at, die Kooperation mit der Buch Wien, Lesungen in ÖBB-Zügen oder das Buch „Am Zug" sind Teil der Inszenierung dieses Lebensgefühls. ∎

INTERVIEW MIT
DR. PETER BAUMGARTNER
Er ist Marketingberater in Wien/Klosterneuburg und setzt im Auftrag der ÖBB den Bahnreiseblog um.
www.free-your-brand.com

Foto: Philipp Horak

Wer findet die Geschichte?

Wer mit Storytelling arbeiten will, sollte nicht nur an großartige Geschichten mit imposanten Helden denken. Geschichten erzählen können auch ganz kleine Dinge.

Wer findet die Geschichte, wie findet man sie und worin kann sie bestehen? Auf das Thema gekommen beziehungsweise den Reiz dazu gesetzt hat vor einiger Zeit Folke Tegetthoff in einem Interview. Er hat etwas geäußert, was gleichermaßen richtig wie provokant klingt: nämlich dass es der Dichter – und nicht etwa der Marketingspezialist oder Texter – sei, der das „Sensorium" habe, um Geschichten aufzuspüren.

Geschichten erzählen: eine Kunst?

Aha. Gehören wir nun eher zu den Dichtern oder zu den Textern? Ist es deshalb mit den Marketingleuten oft nicht so einfach, weil sie von einer ganz anderen Disziplin kommen? Steckt hinter dem technischen Begriff Storytelling und der Methode, die zu beherrschen sich derzeit alle auf die Fahnen heften, eigentlich etwas sehr Künstlerisches, Feinsinniges?

Aber steckt nicht ohnehin in jedem Schreiber ein kleiner Dichter? Apropos: Es liegen Welten zwischen großen und kleinen Dichtern, aber es ist doch der gleiche Kern vorhanden. Oder?

> „Wenn Ihr's nicht fühlt, Ihr werdet's nicht erjagen."
>
> **(aus Goethes Faust, Teil 1)**

Wir kennen jedenfalls nicht viele erfolgreiche Menschen in der schreibenden Zunft, die nicht viel lesen würden, die keine Ansprüche ans Schreiben stellten, die sich nicht für Film und Theater interessierten, nicht Literatur oder Sprachen studiert hätten, kurz: von denen man sagen könnte, dass sie keinen Sinn für Geschichten und Erzählkunst hätten. Die Marketingfachleute aber – sie haben ihre Stärken tatsächlich anderswo.

Nichts zu erzählen?

Einen zweiten Impuls lieferte eine auf die Tourismusbranche spezialisierte Online-Marketerin, die einem interessierten Neukunden – einem Hotelbetreiber, der sich mit ihr zu einem Erstgespräch getroffen hatte – beim besten Willen nicht dienen konnte und kann. Der Unternehmer hatte ihr im Gespräch angeblich nicht den Ansatz einer Geschichte geliefert. Wie haben wir uns diesen „Mann ohne Eigenschaften" vorzustellen? Ein Unternehmer, der zwar gehört hat, dass es da ein vielversprechendes Marketinginstrument namens Content Marketing gibt, der bereit ist, zu investieren, aber keine Ahnung hat, was seine Dienstleistung ausmacht und was an seinem Betrieb besonders ist oder sein könnte.

Klein, aber Geschichte

Es kann doch nicht sein, dass da tatsächlich keine Geschichte zu holen war! Schließlich taugte der willige, aber wortkarge Hotelier ja immerhin zu einer kleinen Anekdote. Zur Charakterisierung eines Typus. Es ist gar nicht selten so, dass man beim Geschichtenerzählen bei den kleinen, fast unspektakulären Dingen anfangen muss …

Ein wunderbares Beispiel für das Geschichtenerzählen oder Storytelling im Kleinen ist das südenglische Unternehmen Farrow & Ball, ein Hersteller von Farben und Tapeten, die zum größten Teil auf historischen Farbpaletten beruhen. Farrow & Ball hat sich darauf spezialisiert, nahezu exakt identische Farben für die Restaurierung historischer Gebäude herzustellen. Stunden um Stunden hat man in Archiven recherchiert, um die Farbnuancen zu perfektionieren.
Das Erstaunliche ist: Nicht nur das Geschäft mit der Restaurierung floriert; die historischen Farben von Farrow & Ball begeistern auch Privatkunden in aller Welt.

Mole's Breath: reine Poesie

Das Unternehmen, das 1947 von zwei Chemikern gegründet wurde, erzählt nicht nur die „große" Geschichte seiner Gründung, sondern auch die kleine Geschichte jeder einzelnen Farbe. Allein schon die Namen der 132 Farben sind Storytelling pur – und Storytelling im Kleinstformat: Smoked Trout, Mole's Breath, Oxford Stone, Borrowed Light, Middleton Pink. Oder Farbe Nr. 60: Stiffkey Blue. Sie erinnert an die außergewöhnliche Farbe des Schlamms am Strand von Stiffkey in Norfolk. Jeder, der einmal in England war, spricht darauf an.

Every colour has a story

Mit der Online-Marketing-Kampagne „Every colour has a story" ist es dem Unternehmen gelungen, poetische Produktnamen mit Leben zu erfüllen und ihre Herkunft zu vermitteln. In kurzen Videos mit Stimmungsbildern zeigt das Unternehmen, woher die Inspiration für die jeweilige Farbe kommt. Der Aufbau der Storytelling-Videos ist bei jeder Farbe der gleiche und führt von der Farbinspiration über das Produkt (Farbe, die vom Pinsel fließt) über die Anwendung (Farbe wird gestrichen und trocknet) zum Ergebnis: der Farbe an den Wänden eines modernen Zuhauses. Ja, so grau, blau und pink will ich es auch!

Story vor, noch ein …

Über Storytelling wird viel geschrieben, fundiertes, strukturelles Wissen darüber ist aber selbst in der Branche keine Selbstverständlichkeit. Dabei gilt, dass auch das Geschichtenerzählen nur jene beherrschen, die sich ausführlich damit beschäftigen. Sich die Methode schnell anzulesen, ist nicht dasselbe, wie sich seit jeher dafür zu interessieren. Wer erst auf den Geschichtenzug aufspringt, weil es notwendig geworden ist, wird nie so gut erzählen wie jemand, dem dies immer schon nahelag. Nichtsdestotrotz kann man lernen und Sensorien auch entwickeln: Die Geschichtenerzähler werden mehr und sie werden besser. In vielen Bereichen erlebt das Storytelling gerade eine große Qualitätsoffensive.

Stoff, wo steckst du?

Wer Storytelling für einen Kunden, der wenig Selbstauskunft gibt, beginnen will, startet am besten genau bei der Eigenschaft, die als Erstes auffällt. Das kann das Schweigen des Hoteliers ebenso sein wie sein beredter Blick. Vielleicht ist es gerade das Zusammentreffen von beidem. Wichtige Voraussetzungen dafür, die großen, aber auch kleinen Geschichten zu entdecken, sind ein ausgeprägtes Wahrnehmungsvermögen und Assoziationsreichtum; wichtige Bedingungen dafür, an den Stoff dann auch heranzukommen, sind neben echtem Interesse das Geschick beim Fragen, Recherchieren, beim Aufbau eines Gesprächs. Kurz: klassisches journalistisches Handwerkszeug.

Schreiben ist sehr oft ein Er-Schreiben

Das heißt, dass man erst durch die intensive Beschäftigung mit der Sache an die Sache herankommt. Nicht jeder Kunde kann seine Geschichten auf dem goldenen Tablett servieren. Zu wissen, wie man an die Geschichte herankommt, gehört wesentlich mit zum Know-how des Content-Marketing-Profis. Unternehmen, Produkte und Marken haben Geschichten und sind voller Geschichten – die Kunst ist es, diese Geschichten zu erkennen, sie freizulegen und zu erzählen.

Fazit: Sehen, was der Kunde selbst nicht (mehr) sieht

Auch wenn es natürlich geschichtenferne Unternehmen, Marken und Menschen gibt, fast immer ist eine Geschichte zu „holen". Es braucht oft nur einen anderen Blick, den berühmten Schritt zurück oder einen Impuls von außen, um Stoff für gute Geschichten zu entdecken. Auch vermeintlich langweilige Unternehmen können vom Geschichtenerzählen profitieren.
Deshalb: Ran an die Menschen und den Dialog starten – sie haben immer etwas zu erzählen. Auch wenn sie es selbst nicht in eloquente Worte fassen. Denn auch diese Aufgabe übernehmen wir sehr gerne. ■

INTERVIEW

Auf gut Steirisch: „Ohne Gschicht ka Gschicht!"

Ute Hödl betreut seit vielen Jahren bei Steiermark Tourismus die Unternehmenspresse und begibt sich daher täglich auf die Suche nach neuen Storys, um ihr Produkt „Steiermark" in all seiner Vielfalt in Szene zu setzen. Allerdings weiß sie auch ganz genau, dass die Zahlen stimmen müssen und den Partnern der Tourismusgesellschaft stets ein offenes Ohr zu schenken ist. Nur wer das Ganze sieht, kann es anhand von exklusiven Storys präsentieren.

Was fällt Ihnen spontan zu den Begriffen Content Marketing und Storytelling ein?

Ute Hödl: Auf gut Steirisch: ohne Gschicht – und Gsicht – ka Gschicht! Das heißt, grundsätzlich ist es immer besser, jemanden vor den Vorhang zu holen, um seine oder ihre Geschichte zu erzählen, als Themen pauschal aufzubereiten und diese mit Superlativen in den Himmel zu loben – es ist ganz einfach repräsentativer, eine erfolgreiche Weinbäuerin zu porträtieren, als Anbauflächen und Rebsorten aufzuzählen und das Ganze mit allgemeinen Werbefloskeln über den Weinbau in der Steiermark zu garnieren.

Warum grundsätzlich?

Ute Hödl: Weil wir als Landestourismusorganisation natürlich versucht sind, es so vielen wie möglich recht zu machen. Aber grad in der Presse muss man auswählen. Denn, um bei dem genannten Beispiel zu bleiben, der Weinbau will sich extern ja als Ganzes präsentiert sehen. Ebenso wie Thermen, Nationalparks usw.

Wie kriegt man da die Kurve?

Ute Hödl: Durch permanentes Dranbleiben, wobei sich „Pars pro toto" als Prinzip bewährt hat: Ein Teil steht für das Ganze, das Ganze darf aber nie außer Acht gelassen werden. Das gilt es zu kommunizieren. Allerdings muss ich wirklich betonen, dass über die Jahre das Verständnis für das Thema Content enorm gestiegen ist, sodass heute vielfach Storys nicht mehr von uns „entdeckt" werden müssen, sondern man sie an uns heranträgt.

Können Sie dafür ein Beispiel nennen?

Ute Hödl: Gerne: die vegane Brettljause, die in ausgesuchten Buschenschänken serviert wird, war so ein Fall. Hier haben sich die Bauern zusammengetan und bedienen mit dieser zeitgemäßen

Idee einen aktuellen Trend. Ein Haupttreffer für uns als Multiplikator, den ich mit Handkuss nehme und aus dem sich wiederum zig Geschichten ergeben. Das Thema Genuss in der Steiermark kann ich damit perfekt jedem Messebesucher, jedem Journalisten und damit letztlich jedem Gast schmackhaft machen. So etwas ist wie ein Selbstläufer, der von engagierten Menschen ausgelöst und vorangetrieben wird. Das macht richtig Spaß.

Oder ganz aktuell die Wanderroute „Vom Gletscher zum Wein". Allein dieser bildhafte Name des Leitproduktes im Bereich Wandern regt die Fantasie an – und legt Geschichten nahe.

Wie erzählt man die Geschichte, wenn sie nicht mehr ganz so aktuell ist?

Ute Hödl: Ja, damit wären wir bei der Kür des Content Marketings bzw. Storytellings angelangt. Denn eine Neuigkeit, etwas Einzigartiges mittels Geschichten aufzubereiten, ist ja viel leichter als das Interesse an etwas Bekanntem am Brodeln zu halten. Da braucht es dann viel mehr Insiderwissen, man muss viel mehr in die Tiefe gehen und unbekanntere Aspekte beleuchten, um damit dann wieder das Interesse zu wecken.

Wie kratzt man da die Kurve?

Ute Hödl: Indem man ständig Augen und Ohren offen hält: mit Leuten plaudert, für die Beschwerden und Anregungen der Partner offen ist und – wichtig! – alles liest, was einem in die Finger kommt: In jeder noch so kleinen Lokalzeitung kann eine tolle Geschichte versteckt sein. Ich für meinen Teil bin da oft zwiegespalten. Nur weil ich eine Story für fad halte, muss das nicht heißen, dass sie auch für andere uninteressant ist. Und umgekehrt. Nur weil mich etwas brennend interessiert, heißt das noch lange nicht, dass ich damit landen kann. Hier macht sich ein gutes Team mehr als bezahlt. Summa summarum ist es aber eine tolle Herausforderung, die viel Kreativität erfordert und mir große Freude macht.

Und wie weiß ich nun, ob eine Story tatsächlich hält, was sie verspricht?

Ute Hödl: Ausprobieren. :-) Und dranbleiben. Ich denke, dass Interesse und Begeisterung für eine Sache das größte Plus sind. Wenn ich mein bester Gast bin und Freude am Produkt habe, fällt´s sicher leichter überzeugend zu sein. Ich glaube so gesehen ja an den „viralen Effekt", nämlich nicht nur im Negativen, sondern vor allem auch im Erfreulichen.

Wenn Sie Ihr Geschichtenbuch aufschlagen: Haben Sie eine Lieblingsstory?

Ute Hödl: Ja, die rund um den Knochenmann. Als bekennender Fan des österreichischen Schriftstellers Wolf Haas habe ich mich auf die Verfilmung seines Buches „Der Knochenmann" sehr gefreut. Darin führt es die Hauptfigur Simon Brenner unter anderem in einen südsteirischen Gasthof. Als der Film anlief, haben wir wir gemeinsam mit dem Gasthof Palz in Klöch spontan ein „Knochenmann-Package" geschnürt, das heißt, einen „Filmreifen Urlaub auf den Spuren des Knochenmanns" angeboten. Abgesehen von der Präsentation des Drehortes samt Backhendlessen fand jeder Gast eine Ausgabe des Buches auf dem Nachtkästchen vor.

Wo präsentieren Sie die Storys letztlich?

Ute Hödl: Wir bespielen viele Kanäle, von der klassischen Pressearbeit bis zum Blog auf www.steiermark.com, von Instagram bis Videos wie FB-Communities wie beim Steiermark-Frühling. Wir legen viel Wert auf Bilder und zunehmend mehr auch auf Bewegbildmaterial.

Geben Zahlen und Bilanzen immer die Richtung vor?

Ute Hödl: Nicht zwingend, aber sie sind natürlich wichtig, weil sie alles gut messbar machen. Der Benefit von Content Marketing bzw. Storytelling macht sich jedoch nicht immer postwendend in der Bilanz bemerkbar, das heißt, es kann etwas dauern, bis eine Geschichte ihre Zuhörer findet. Aber wenn dies geschieht und daraufhin auch Gäste kommen, hat man sein Ziel erreicht.

Eine Frage noch zu den Superlativen: Warum weisen PR-Verantwortliche nach wie vor ihr Produkt gerne als das schönste, beste und genialste unter der Sonne aus?

Ute Hödl: Diese Ausdrucksweise ist ein zweischneidiges Schwert: Einerseits lieben es Medien ganz einfach, ständig über die Besten der Besten zu berichten, und der Superlativ entspricht ja oftmals auch den Tatsachen – zum Beispiel ist die Oststeiermark einfach Österreichs größtes Apfelanbaugebiet –, andererseits laufen sich Superlative irgendwann tot beziehungsweise wirken platt. Ich plädiere hier dafür, Bilder zu kreieren. In unserem Fall: Wenn man die im Apfelland geernteten Äpfel aneinanderreiht, entspricht das einer Strecke von Puch/Weiz bis Peking.

Alles in allem klingt Ihr Job nach ständigem „Work in Progress".

Ute Hödl: Definitiv. Aber das ist gut so, sonst wär der Alltag ja langweilig. ∎

INTERVIEW MIT
UTE HÖDL
Betreut die Unternehmenspresse der Steirischen Tourismus GmbH und das Bildarchiv, um das Grüne Herz auf allen Kanälen ins richtige Bild zu setzen. Website, Buchungsplattform sowie Social Media werden ebenfalls bespielt. **www.steiermark.com**

Foto: Steiermark Tourismus/Bernhard Loder

Der Titel:
Worte wirken Wunder!

Die Kopfzeile (Headline) eines Textes ist wie die Auslage für ein Geschäft: Der Leser wirft einen einzigen Blick darauf – und entscheidet, ob er „einkehrt" oder nicht. Hier 26 lose, aber hilfreiche Beiträge zum ABC des Titelns.

A wie Aha: Interessantes!

Jede Überschrift ist Werberin. Sie wirbt dafür, den nachfolgenden Text zu lesen. Deshalb darf sie auch Besonderes: imponieren statt informieren. Nicht immer und nicht überall, doch meistens. Idealerweise tut sie beides in einem.

B wie bildhaft: Kopfzeile mit Kopfkino

Große Zeitungen (zum Beispiel die „Bild") beschäftigen eigene Titelfinder. Die „Süddeutsche Zeitung" lässt nicht die Redakteure, sondern den Blattmacher an die Überschriften ran. Warum? Weil starke Titel kaum je ein Zufallstreffer sind. Und fast immer etwas Spielerisches an sich haben, das den Blick von außen braucht. Titelvolltreffern wie „Yes, we scan" – anlässlich der „Ausspähaffäre" durch den US-Geheimdienst NSA – sind oft viele andere Versuchstitel vorausgegangen. „Yes, we scan" von der „Bild"-Zeitung war nach Ansicht des Vereins Deutsche Sprache die beste Schlagzeile des Jahres 2013. Ebenso wortgewaltig mit einem unwiderstehlichen Dreiklang der Preisträger 2016: Das „Focus"-Magazin titelte im Juli „Macht. Wahn. Erdogan."

C wie Corporate Blogs: Cui bono?

Das Internet ist voll mit Tipps für wirkungsvolle Blogtitel. Sie alle ähneln sich unverzeihlich. Unverzeihlich? Nein, im Gegenteil: logischerweise! Denn sie alle müssen SEO-Zwecke erfüllen und Suchmaschinenanfragen bedienen. Diese suchen nun mal nicht nach dem Originellen; Keywords in den Title-Tags haben hohe Relevanz für Suchmaschinen. Wem soll der Titel nun also (mehr) dienen? Usern, Kunden, Suchmaschinen? Mit Geschick wird er den Ansprüchen aller gerecht.

D wie Dreiklang: ein Dauerbrenner!

An diesem Punkt sind wir ganz tief im Metier, möglicherweise interessiert es Sie aber dennoch. Eine elegante Variante, den Titel zu gestalten, ist der Gleichklang der Anfangsbuchstaben – auch

Alliteration genannt. Titel wie „Verliebt, verlobt, verheiratet" oder „Manner mag man (eben)" punkten mit dem einprägsamen dreimaligen Gleichklang. Erinnerungseffekt und Wiedererkennungswert sind groß – mit ein Grund, warum auch Werbeslogans gerne darauf setzen.

E wie Emotion, Baby!

„13 Überschriften, die Emotionen ansprechen", „13 Emotion-Based Headlines That Work": Ja, wir Texter sind sehr berechnend und wollen schließlich gelesen werden. Weder das inflationäre Auftauchen der Zahl 13 (und anderer ungerader Zahlen) noch die allgegenwärtige Listenform („9 Tipps für ...") sind zufällig gewählt: Untersuchungen zu Userverhalten und kognitiver Psychologie geben Erkenntnisse weiter, die in unsere Textarbeit einfließen.

F wie Findbarkeit: Wer landet bei wem?

Wer mit Inhalten auf der eigenen Website oder mit Unternehmensblogs bei seiner Zielgruppe landen will, muss zuallererst von ihr gefunden werden. Das heißt, er muss schauen, dass sie bei ihm landet. Das Ziel ist es, mit den Schlüsselbegriffen des eigenen Kernthemas auf den ersten paar Seiten der Suchmaschine platziert zu werden. Wie man zu dieser Blüte wird, die die Bienen nur so anlockt? Auch wenn die Zeiten der „Überoptimierung" im SEO-Bereich vorbei sind: Die gewünschten Keywords sollten unbedingt in den Seitentitel hinein. Also: sauberes Tagging (Verschlagworten), relevante Inhalte, dichte Verlinkung ... Sie wissen schon.

G wie Glaubwürdigkeit: gar nicht zum Gähnen!

Mit einer Headline, die mehr zum Gähnen als zum Weiterlesen einlädt, verspielt man oft alles. Deshalb: Hier ist nicht der Ort, um Hirneinsatz zu sparen. Es reicht nämlich auch nicht, den Leser einfach trickreich zu verführen. Passt der Titel nicht zum Text, empfindet er das als Betrug. Verspricht der Titel mehr, als der Text hält, sind die Klügeren bald weg. So wichtig der Titel auch ist, alle Mittel sind nicht recht. „Überschriften helfen den Leserinnen und Lesern zu selektieren, was interessiert und was nicht", beschreibt es Wikipedia treffend. Und gerade im Corporate Publishing gilt: Widersprüche, ja selbst schon Ungereimtheiten, schaden der Glaubwürdigkeit womöglich weit über den betreffenden Beitrag hinaus.

H wie hungrig: einfach „am supersten"

Auch so etwas, was man über das Gehirn weiß. Es liebt die Superlative. Aus dieser Tatsache lässt sich eine Strategie zur Titelfindung formen, die etwa so lautet: Wo immer es inhaltlich gerechtfertigt ist, sag es größtmöglich. „Der Heller-Wahnsinn", „Die erfolgreichsten Nieten aller Zeiten", „Superproteine beschützen unsere Zellen". Bitte trotzdem auf die richtige Grammatik achten.

I wie Inhalt: Inhalt zählt

Der Tipp Nummer eins für alle Einsteiger in die aktuelle Suchmaschinenoptimierung lautet: Auf den Inhalt kommt es an. Schreiben Sie interessante Inhalte mit guter Gliederung und Struktur. Achten Sie unbedingt darauf, dass das Thema des Seitentitels auch aufgegriffen und beschrieben wird.

J wie journalistische Sorgfalt: plakative Schlagzeilen

Aussagen in Schlagzeilen oder Bildunterschriften dürfen gekürzt und plakativ aufbereitet werden, um dadurch das Publikum zu erreichen. Das hat der Oberste Gerichtshof bereits zweimal so entschieden. Im Fließtext jedoch muss die journalistische Sorgfalt walten und die Äußerung, um die es geht, muss korrekt und vollständig wiedergegeben werden.

K wie kommen lassen: Wie man Kreatives „hebt"

Eine abgedroschene Phrase als Titel ist keine gute Idee. Aber wie gelingen kreative Titel, die die Leserschaft in den Text hineinbewegen? Es gibt Schreiber, bei denen meist schon der erste Titel überzeugt; und es gibt solche, die stets schwächeln, wenn es um die krönenden Worte geht. Hier kann man der Kreativität nachhelfen, den Einfall systematisch einladen. Eine dieser Techniken lautet: Schreiben Sie möglichst viele „rohe" Headlines. Schnell und ohne zu werten. Erst dann schalten Sie Ihren kritischen Verstand ein, wählen den besten Rohling und feilen an ihm.

L wie last, but not least: Das Beste kommt zum Schluss

Den Titel am Ende des Schreibprozesses zu finden, fällt oft leichter, als mit ihm zu beginnen. In Kenntnis des Textes, seines Tons und seiner Inhalte drängt sich der Titel oft geradezu auf. Eine Ausnahme bilden Texte, bei denen der Titel das Motto ist, also dessen Struktur vorgibt. Ein Beispiel: „13 einfache Tricks, die sofort fröhlich machen". Oder: „Der ultimative Titel: 7 Zutaten für die perfekte Headline". Zahlen sind das Nonplusultra, wenn es um Klickattraktivität im Netz geht. Und: Headlines mit ungeraden Zahlen erzielen eine um 20 Prozent höhere Klickrate.

M wie magisch: mächtig, sinnlich, einfach

David Ogilvy, der international wohl berühmteste Werbetexter (gest. 1999), hat 1963 eine Liste mit den 20 mächtigsten Begriffen (seiner Zeit) veröffentlicht. Alle einfach, dringlich und die Sinne ansprechend: magisch, plötzlich, erstaunlich, jetzt, beliebt, verblüffend. Auch heute „zünden" gewisse Wörter direkt im Stammhirn: Rätsel, Mythos, Formel, Code, Prinzip etwa.
Tipp: magische Wörter wohldosiert und wohlplatziert verwenden!

N wie „No-Gos": Titel, die nicht gehen

Dinge, die man beim Titeln besser auslässt: Abgenutztes servieren, beispielsweise. Alles, was allzu gehäuft auf dieselbe Weise gespielt wird, hat einen dümmlichen Beigeschmack. „Must-haves" zum Beispiel, „No-Gos" sowieso. Auch zum hundertsten Mal identisch abgewandelte Zitate fallen in diese Kategorie. Besser: auf Bekanntes zurückgreifen, aber mit der Abwandlung oder Verfremdung überraschen. Überraschung = Aufmerksamkeit! Spielerisch und kreativ ist gut, aber es gilt, die Grenzen zum Kitsch, zur leeren Worthülse oder zum ungewollt Witzigen nicht zu überschreiten!

O wie Optik: Bild und Text als runde Sache

Das ist ein wichtiger Punkt gerade in Kundenmagazinen, die oft vergleichsweise viel Spielraum für die optische Gestaltung haben. Vorherrschendes Prinzip: Vorsicht vor der Text-Bild-Schere! Lassen Sie stattdessen Text und Bild einander zuspielen! Das auf das Aufmacherfoto abgestimmte Wort beziehungsweise das Bild, das einem prägnanten Titel noch mehr Pfiff gibt, verleiht dem Layout eine hohe Prägnanz.

P wie Plaudern aus der Praxis

Fallbeispiel aus dem VIA Airport Journal. Ein Beitrag über die Geschichte des Lichts von den Anfängen bis heute war überschrieben mit dem Titel: „Was die Menschheit zur Weißglut brachte – und weiter". „Himmel noch mal" lautete der Titel über einer Liebeserklärung an das stets frühlingshafte Teneriffa, einen Ort, der viel Himmel zeigt. Wortspiele, Sprachwitz, Hinter- und Doppelsinn, Paradoxien, Metaphorik und Sprachbilder: All das macht Headlines interessant.

Q wie quer gedacht und zugespitzt

Die Überschrift hat eine so starke Lockfunktion, dass ihr mehr „erlaubt" ist als anderen Textelementen. Nach einem starken Bild und der Bildunterschrift ist der Titel die dritte Chance, Leser in den Text zu ziehen. So kommt es, dass selbst sachlicher Unsinn zum Klassiker werden kann. „Wir sind Papst" ist so ein Beispiel aus Deutschland, das nach der Wahl Kardinal Ratzingers zum Papst die Runde machte.

R wie Regeln brechen: nur mit gutem Grund!

Es ist ja klar: Alles, was gut werden kann, kann auch missraten. Überschriften beispielsweise. Deshalb sollte man, auch als Naturtalent, gewisse Regeln kennen – und sie, wenn überhaupt, nur sehr bewusst brechen. Detlef Esslinger, Co-Autor des Buches „Die Überschrift" (Reihe Journalistische Praxis, 2014, Verlag Springer VS), zählt die wichtigsten Regeln für Überschriften auf:

1. Die Überschrift muss eine Aussage haben. 2. Diese muss die Kernaussage des Textes wiedergeben. 3. Sie darf diese Kernaussage nicht verfälschen. 4. Sie muss auf Anhieb zu verstehen sein. Auf diese Gesetze hin kann man jede Titelvariante „abklopfen".

S wie Schrift: Der Titel hebt sich ab

Natürlich: Der Titel braucht Inhalt, aber auch Form. Headlines werden fast ausschließlich anders gestaltet als der Rest eines Beitrags (dies gilt für Online- ebenso wie für Printgeschichten). Heißt: Die Gestaltung durch Schriftwahl, Schriftgröße und Schriftfarbe weicht ab. Das gehört auch zu den Basics der Blogger: Titel deutlich abheben! Und selbstverständlich auch den Rest möglichst klar und leserfreundlich strukturieren.

T wie Testen: „Headline Analyzer Tools"

Tatsächlich, man kann seine Headline testen. Worauf, werden Sie fragen. Auf ihre emotionale Potenz selbstverständlich. Klick, klick, klick. Stichwort: Emotion-Marketing.

U wie User: Was denkst du?

Die User: Gerade über sie hat sich die E-Commerce-Forschung sehr viele Gedanken gemacht. Hier könnten wir uns auf zwei Dinge festlegen: Ein potenzieller Kunde bleibt König (auch wenn es heißt: Content is King!). Und User sind Menschen und als solche im Surf- und Leseverhalten ganz gut erforscht. Für das Thema Titeln ergibt sich daraus beispielsweise die Erkenntnis, dass jemand bleibt, wenn man ihn etwas fragt. Als Frage formulierte Überschriften werden lieber gelesen als einfache Aussagesätze.
Allerdings gibt es eine Einschränkung: Die Antwort auf die Frage sollte nicht „Nein" sein.

V wie Vorspann: ein starker Informant

Je mehr kreativen Spielraum die Headline nutzt, desto weniger darf sich der sogenannte Vorspann beziehungsweise die Sub-Headline erlauben. Sie muss in den Beitrag einführen und in erster Linie informieren. Spätestens nach ihrer Lektüre sollen die Leser wirklich wissen, was sie erwartet. Und neugierig darauf sein.

W wie Worte, die sitzen

Die Bedeutung des Titels als erster und oft auch einziger Berührungspunkt eines Textes mit den Betrachtern spiegelt sich in einem Gefühl wider, das wir Texter beim Finden des Titels haben. Das Gefühl stellt sich in jenem Moment ein, in dem die Überschrift „sitzt". Optisch elegant und inhaltlich zwingend. Einprägsam und krönend. Wie angegossen sitzt der Titel dann über dem Rest. So, als wäre da nie ein anderer gewesen. So, als wäre kein anderer Titel möglich.

X wie: Machen Sie niemandem ein X für ein Y vor!

Die Wahrheit ist: Über kurz oder lang überzeugt nur Qualität. Qualität in Text und Bild. Auch das Bild bleibt nur dann bei einem Betrachter haften, wenn es einen Inhalt birgt, sprich: eine Frage aufwirft oder ein Geheimnis für sich behält. Feingefühl investieren sollte man daher unbedingt auch ins Bild.

Y wie Yes: positiv formulieren!

Noch kurz drei Tipps zum Titeln und Texten im Allgemeinen:
Erstens: Kurze Wörter sind immer besser als lange. Je kürzer, desto besser. Zweitens: Suchen Sie für Ihren Text nach lebhaften Verben und ersetzen Sie, wo immer das möglich ist, Substantive durch Verben. Drittens: „Reststoffe" ist ein freundlicheres Wort als „Müll". Suchen Sie bei Wörtern, die einen abwertenden Beiklang haben, nach Alternativen beziehungsweise Synonymen. Und: Vermeiden Sie im Text „kein", „nein" und „nicht". Formulieren Sie es positiv!

Z wie Ziele: klar definieren

Die meisten Texte haben ein ganz konkretes Ziel. Dieses darf bei allem Spaß am Fabulieren nicht aus dem Blick geraten. Die Essenz des Textes, die wichtigste Botschaft, soll im Zusammenspiel aus Bild und Text ein Gesamterlebnis bilden, das die Leser anlockt – und hält. ∎

Das Editorial: Liest keiner? Was für ein Irrtum!

Das Editorial wird gerne infrage gestellt. Doch dieser Willkommensgruß aus der Chefetage birgt ganz große Chancen, die Zielgruppe zu berühren.

Aus unserer Praxis wissen wir, dass Editorials gerne von Kundenseite besprochen werden – besser gesagt: Sie werden infrage gestellt. Wozu brauchen wir das? Muss das sein? Und zuletzt gerne: Liest das überhaupt jemand? Nun, Erhebungen handfester Leserzahlen von Editorials in Print-Kundenmagazinen sind rar, aber die Fachwelt ist sich hier absolut einig: Ja, Sie brauchen ein Editorial – unbedingt! Warum, was die Vorteile sind, die ein Editorial mit sich bringt, und was ein gut geschriebenes Vorwort ausmacht, lesen Sie im Folgenden.

Manchmal sind vor allem die für viele unscheinbaren Dinge von großer Bedeutung, und das gilt auch für das Editorial. Einige mögen das Vorwort des Herausgebers, was in unserer Praxis meist der CEO eines Unternehmens ist, als irrelevant abtun, weil es sich vom restlichen informationsgetriebenen Inhalt abhebt. Doch gerade in dieser Tatsache liegt das große Herz dieser Textform: Das Editorial ist ein persönlicher Gruß an die Leserschaft, die – ich erinnere wieder an unseren Fall Content Marketing bzw. Corporate Publishing – die Kundenzielgruppe des Unternehmens darstellt. Der oder die Geschäftsführer sprechen ihre Leser- und damit Kundschaft persönlich an und haben im Editorial die Chance, in diesem seltenen Einblick einen ganz besonderen Eindruck zu hinterlassen.

Wie ist die Luft da oben?

Wir können davon ausgehen: ALLE wollen wissen, wie es in einer Firma „da oben" aussieht. Was denkt die Führungsetage, was sind Beweggründe für das Tun, wie tickt die Chefin oder der Chef, was treibt diese Menschen an, die ein ganzes Unternehmen vorantreiben? Im Editorial tut sich eine oft verborgene Seite auf – ein Mensch tritt vor den Vorhang, der im Hintergrund die Fäden zieht. Spannend, nicht wahr? Wem es in diesem Vorwort gelingt, die Leser mit Persönlichkeit, Herzenswärme, Humor und Weitblick zu überzeugen, der hat eine Menge Mitglieder, Kunden, Anhänger für seine Sache/Produkte/Firma gewonnen. Sie fragen sich, ob man nicht besser inhaltlich Kompetenz „rüberbringen" soll? An dieser Stelle nicht zwingend. Kompetenz sollten die Inhalte des Magazins ausstrahlen und selbstverständlich die Produkte und Dienstleistungen bieten. Aber das Editorial ist eine Direktansprache der Kunden, und die sollte in erster Linie sympathisch und persönlich sein. Nicht zu vergessen: bitte IMMER mit Foto(s) versehen.

Neben der persönlichen Ansprache prägt ein Editorial noch ein weiteres ganz unwiderstehliches Element: Es bietet einen Blick hinter die Kulissen. Oder wenn man so will: einen Blick durchs Schlüsselloch. Wir alle lieben es, Geheimnisse zu erfahren, und ein Vorwort ist die Bühne für Interna „von ganz oben", die man sonst nirgends erfährt. Das Editorial kann auch zeigen, wie nahe die Chefetage am Tagesgeschäft ist, indem es Storys aus dem Magazin anreißt und Hintergrundinfos dazu liefert oder – aus dem Nähkästchen gesprochen – eine Anekdote aus der Entstehungsgeschichte des vorliegenden Magazins liefert.

Es ist schön, wenn ein Unternehmen beispielsweise auf seiner Website die Philosophie erläutert und damit die Frage „Warum machen wir das?" beantwortet. Besonders wertvoll ist es, wenn im Editorial diese Antwort zumindest in Anklängen wiederzufinden ist. Denn diese Frage treibt uns alle an, sie verbindet uns, wir stellen sie uns immer wieder (oder sollten das tun)!

Wer schreibt das?

Alles schön und gut – aber nicht alle sind geborene Texter und die Tatsache, dass jemand ganz souverän ein Unternehmen mit Hunderten von Mitarbeitern auf der ganzen Welt schupft, bedeutet noch nicht, dass er ein Editorial verfassen kann, das bei der Leserschaft wie Öl runtergeht. Seien Sie unbesorgt: Die Agentur Ihres Vertrauens wird auch aus wenigen Stichworten, die Sie ihr liefern, einen solchen Text formulieren und Sie perfekt präsentieren.

To-dos

Jetzt könnten Sie getrost aus dem Blog aussteigen – vielleicht aber ist nun Ihr Ehrgeiz geweckt und Sie wollen es wissen: Wie gehe ich es im Detail an, wenn ich es doch selbst probiere?

Nach einer persönlichen Ansprache der Leser (beispielsweise schlicht und einfach „Liebe Leserinnen und Leser!") führt ein Zitat ganz gut in ein Thema ein. Wählen Sie bitte kein allzu bekanntes aus, wie zum Beispiel „Alles fließt" – das kann schnell langweilen! Lateinische Zitate bekommen hingegen leicht einen Streber- oder Besserwisser-Nachgeschmack. Zitate können von bekannten Persönlichkeiten stammen oder auch direkt aus der Firma. Wichtig ist immer, dass es für den Inhalt des Editorials relevant ist und der Urheber genannt wird. Starten kann man auch mit einer Frage, die rhetorisch, aber provokant ist, die zum Nachdenken anregt oder eine „echte" Frage ist, die sich direkt an die Leserschaft wendet. Im Laufe des Editorials diese Frage auf persönliche Art und Weise zu beantworten, macht Sie zum kompetenten Problemlöser.

Apropos: Selbstverständlich muss das Editorial nicht einem einzigen Thema gewidmet sein. Sie haben die Möglichkeit, mehrere Themen anzureißen (zum Beispiel Storys aus dem vorliegenden Magazin) – trotzdem rundet ein inhaltlicher Spannungsbogen diese Textform optimal ab.

Überraschung!

Eine ungewöhnliche Sicht auf ein Thema sorgt für Überraschungsmomente, die man als Leser gerne erlebt, manchmal kann auch die persönliche Sicht auf eine Fragestellung überraschend sein, was gleich auf mehreren Ebenen ansprechend wirkt. Und natürlich: Ansprechen – sprechen Sie Ihre Leser, Kunden, Mitglieder persönlich an. Das ist die optimale Plattform dafür und kommt auf alle Fälle sehr positiv an.

Editorial im Newsletter?

Bedenken Sie, dass ein Editorial nicht nur in einem (Print-)Magazin bestens platziert ist, sondern auch für andere Formen des Content Marketings passend ist, zum Beispiel für einen Newsletter. Hier sollte es auf wenige Zeilen reduziert werden, doch all die Vorteile ergeben sich auch in dieser Form der Kundenkommunikation.

In diesem Sinne: Gutes Gelingen! ■

Voller Gedanken, Geschichten und Gefühle: das Porträt

Wenige journalistische Textformen können uns so berühren wie das Porträt. Auch deshalb ist es eine gute Möglichkeit für ein Unternehmen, Menschen zu erreichen. Zum Beispiel potenzielle Kundschaft, Mitglieder oder Mitarbeiter.

Im Porträt liegt der Fokus auf einem Menschen: Da wir alle viel mehr sind als unsere Hüllen, die den ersten Eindruck prägen, kann ein Textporträt ein äußerst spannendes Unterfangen werden. Für die Leser übrigens genauso wie für die Texter! Aber dazu später.

Jedes Unternehmen ist stark geprägt von Menschen und deren Ideen, Wissen, Neugier, Durchhaltevermögen, Fleiß, Begeisterung, Herzlichkeit, Konsequenz und vielen, vielen Charakterzügen mehr! Menschen schreiben die Geschichte einer Firma durch ihren eigenen Werdegang und ihre Verbindung mit dem Unternehmen. Alleine diese Tatsache garantiert für „Geschichten, die das Leben schreibt" – und was lesen wir lieber?! Mit einem Textporträt eines Menschen bauen wir sofort eine lebendige Brücke zum Unternehmen, zeigen im besten und wahrsten Sinne seine menschliche Seite und lassen mit einem Schlag hinter die Kulissen blicken.

Wer darf's oder soll es sein? Pars pro Toto

Oft stellt sich die Frage gar nicht, wer vor den Vorhang kommt, denn ein neuer Personalchef, eine neue Geschäftsleiterin oder ein „frischer" Kundenberater ist vorzustellen. Neben Neuzugängen sind es selbstverständlich Firmengründer, die in einem Porträt von ihrer Motivation erzählen sollten und ihren „Spirit" und ihre Begeisterung für das Unternehmen schildern. Weitere hervorragende Anwärter für ein Porträt sind Menschen, die seit vielen Jahren mit der Firma verbunden sind – die „Seele" des Hauses – und viele Erlebnisse und Anekdoten zu erzählen haben. Für Familienbetriebe mit Geschichte würde sich beispielsweise eine Art „Doppelconférence" zwischen Senior- und Juniorchef anbieten. Zu lesen, wer den Startschuss getan hat und wie nun die Nachfolge die Flamme der Tradition weiterträgt und mit neuen Ideen ans Werk geht, birgt eine ganz eigene Faszination, denn Familienbande kennen wir alle und jeder hat eine Meinung zu oder eine Vorstellung von Familienbetrieben.

Stammkunden sind für Porträts ebenfalls wunderbar geeignet – wir treffen jemanden, der seit Jahren mit dem Unternehmen über Produkte und Dienstleistungen in Verbindung ist und sicherlich gute Gründe dafür nennen kann, warum er der Firma treu bleibt.

Auch Mitarbeiter, die täglich mit Kundschaft zu tun haben und deshalb sofort „wiedererkannt" werden, schaffen Nähe und Vertrauen. Wenn durch die Lektüre eines Kundenmagazins oder Firmenblogs aus einer unbekannten Supermarktkassierin eine junge Frau wird, die in der Freizeit gerne mit ihren Kindern Tischtennis spielt und Kurzgeschichten schreibt; wenn aus dem seriösen, „krawattenverknoteten" Bankbeamten für die Porträtleser plötzlich ein humorvoller Familienmensch wird, der sonntags mit Kind, Kegel, Freundin und Eltern Berge erwandert, dann kommt uns auch das Unternehmen, in dem diese beiden Menschen arbeiten, näher, weil wir dort Menschen „kennenlernen" durften. Und wir wissen: Auch dieser Mensch prägt die Firma auf seine persönliche Art. Wer auch immer in irgendeiner Weise mit der Firma zu tun hat, hat auch mit ihm zu tun. Er ist sozusagen das Pars pro Toto, ein Teil, der für das Ganze steht.

Die Kunst des Fragens und Zuhörens

Ist die Auswahl getroffen, wer vorgestellt wird, geht es ans Eingemachte. Ein persönliches Gespräch beziehungsweise Interview im Vorfeld ist für ein Textporträt unerlässlich. Denn diese Textsorte beinhaltet immer auch Elemente einer Reportage: Man lässt vielleicht einfließen, wo man den Menschen trifft, wie er Dinge schildert, vorzeigt; ganz persönliche Eindrücke des Autors werden wiedergegeben und verdichten so die „menschelnde" Atmosphäre, die so einen Beitrag einfach unwiderstehlich und sympathisch machen kann.

Nicht jeder Gesprächspartner ist gesprächig – das ist eine zuweilen bittere Erfahrung, die jeder Interviewer machen muss. Manche meinen, nicht viel zu sagen zu haben, üben sich in Bescheidenheit oder glauben, nicht wichtig genug zu sein. Doch gerade beim Porträt geht es nicht um Rekorde, weltbewegende Weisheiten oder andere „Leistungen": Es geht schlicht und ergreifend um den Menschen, um seine Gedanken, Ideen, um seine Persönlichkeit, Charakterzüge und in diesem Zusammenhang um einen menschlichen Link zu einem Unternehmen.

An der Oberfläche kratzen

Vor dem persönlichen Gespräch sollte die Recherche stehen: Was verbindet diesen Menschen mit der Firma, wie sieht der berufliche Werdegang aus – alle Fakten, die man schwarz auf weiß über ihn findet, werden zusammengetragen. Im Gespräch werden diese Daten erläutert, besonders wichtig ist es immer, die Motive für sein Engagement zu hinterfragen. Was ist dieses „Warum", das den Menschen antreibt? Wo liegt sein Sinn, den er dem Ganzen gibt? Fragen, die an der Oberfläche kratzen, sind immer anregender als klassische 08/15-Interviewfragen und ein ehrliches Interesse sollte auf jeden Fall mitgebracht werden, denn das ist für die Interviewpartner genauso wie für die Leser spürbar. Interesse, Neugierde und Offenheit müssen bei journalistisch Tätigen vorausgesetzt werden können. Bei „schwierigen" Interviewpartnern hilft es immer, gut zuzuhören und genug Zeit für die Antwort zu geben: Im richtigen Moment einfach nur den Mund zu halten und darauf warten zu können, was dem anderen einfällt, gehört zur Königsdisziplin.

Blitzende Augen und andere Zwischentöne

Sehr schön ist es, ein besonders lebendiges Bild der Person zu zeichnen und markante Aussagen direkt zu zitieren: Perfekt ist, wenn in unserer Vorstellung während des Lesens eine Art Video läuft, in dem wir Bewegungen, Regungen, Reaktionen, Lachen, fragende Blicke und ganz viele „Zwischentöne" erleben dürfen. Deshalb ist es ganz wichtig, Klischees und Allgemeinplätze zu vermeiden – es gilt, das Besondere des Menschen zu erkennen und lebhaft wiederzugeben.

Für ein Firmen- bzw. Kundenmedium bedeutet das, dass man auf eine ganz eigene, sehr persönliche, ja fast intime Weise Unternehmensentscheidungen und -entwicklungen näherbringen und erklären kann. So ist es zum Beispiel auch möglich, unpopulären Seiten von Firmenveränderungen einen menschlichen Hintergrund zu geben und klarzumachen, was wirklich dahintersteckt. Es ist eine Möglichkeit, Gerüchten zu begegnen und transparenter zu werden, aber auch verspielt und gezielt „Geheimnisse" auszuplaudern. Ein bisschen Tratsch darf und soll sein, hier ein Augenzwinkern zwischen den Zeilen, und da regt sich auch schon ein Schmunzeln beim Leser.

Nicht nur das (geschminkte) Gesicht, sondern der ganze Mensch mitsamt seiner Ausstrahlung und seinem Charisma, seiner Geschichte, seinen Ideen und Überzeugungen soll geschildert, porträtiert werden. Nach dem beruflichen Part sollte ein eleganter Schwenk hin zum Privaten gemacht werden. In Abstimmung mit der Person kann das bis zum Beziehungsstatus gehen, den man offenlegt, auf jeden Fall sollten Hobbys aufs Tapet und Themen, die mit der unmittelbaren Arbeit nichts mehr oder nicht mehr viel zu tun haben.

Wann ist das Porträt gelungen?

Wenn die Leserschaft das Gefühl hat, diesen Menschen selbst getroffen und ein freundschaftliches Gespräch mit ihm geführt zu haben, ist das Porträt solide und gelungen. Für ein Firmenmedium gehört unbedingt eine elegante Verbindung mit dem Unternehmen dazu; Hintergründe und/oder eine Philosophie. Höchstes Ziel: Wenn wir nach dem Lesen des Porträts das Gefühl haben, heimlich im Tagebuch des Porträtierten geblättert zu haben ... oder so richtig emotional bewegt, geistig angeregt oder vielleicht sogar angefeuert sind von seiner Person und seinen Ideen ... dann, ja dann ziehen wir wirklich den Hut vor der Interview- und Textkunst. ■

Die gute Nachricht: Was macht sie lesenswert?

Eine Nachricht ist, könnte man meinen, leicht und schnell geschrieben: Sie soll informieren und dafür bei der Wahrheit bleiben – das scheint auf den ersten Blick keine große Aufgabe zu sein. Lassen Sie sich nicht täuschen, denn in einer gut gemachten Nachricht – gerade für Kundenmagazine oder im Online-Bereich – steckt mehr als nur ein wenig Information. Gute Nachrichten sind Profiarbeit!

Von der Pyramide zum Zylinder

Die bekannten sieben W (Wer, Wo, Was, Wann, Wie, Warum und Woher) sind die Checkliste für jede Nachricht. Aber schon der richtige Aufbau hat es in sich – eine gute Überlegung nämlich. Nachrichten werden üblicherweise in Form einer umgekehrten Pyramide aufgebaut. Das Wichtigste nimmt oben breiten Raum ein, nach unten folgt das weniger Bedeutende. Sinn dieser Form war ursprünglich, dass man nach Belieben kürzen konnte und trotzdem immer noch eine sinnvolle Nachricht übrig blieb. Zweiter Grund ist, dass der Leser sich schnell über das Relevante informiert und danach vertiefend weiterlesen kann. Dieses Service für die Leserschaft erweist sich heute oft als Stolperstein: Denn statt weiterzulesen, steigen viele nach der Erstinformation – sprich nach dem ersten Absatz – einfach aus. Wie motivieren wir also unsere Leser dranzubleiben?

Zum (Weiter)Lesen verführen

Ganz einfach, indem wir ihre Neugierde wecken!
Ein starker Titel, ein Teaser oder Leadsatz, der zwar das Wichtigste anspricht, aber trotzdem noch nicht alles vom Inhalt der Nachricht preisgibt, macht neugierig auf den kommenden Text. Das ist Ihnen jetzt zu abstrakt – Praxisbeispiel gefällig? Bitte schön!

Mit „Gleiches Gesetz für alle: Warum sollten steirische Jugendliche weniger reif sein als andere in Österreich?" beginnt im Jugendmagazin checkit die Nachricht über die Novellierung des Jugendschutzgesetzes. Diese provokante Frage macht neugierig.
In der Einleitung ist noch nicht alles Pulver verschossen, die Leser erfahren erst im Laufe des Textes, warum steirische Jugendliche scheinbar so anders sind. Und sie werden bis zum Schluss dabeibleiben, versprochen!

Wie steht's mit der Wahrheit?

Eine gründliche Recherche ist das A und O für Nachrichten. Jede Information muss belegt und dokumentiert sein, Vermutungen und Spekulationen haben in Nachrichten keinen Platz. Aus Erfahrung wissen wir, wie wichtig es ist, genau hinzusehen und selbst scheinbar vertrauenswürdige Informationen aus bekannten Quellen kritisch zu hinterfragen. Ein „schlampig" recherchierter Beitrag verärgert die Leser, niemand will lückenhaft oder falsch informiert werden.

Originell und lokal

Es sind nicht immer weltbewegende Themen, die eine Nachricht lesenswert machen. Sicher, das Thema muss aktuell sein, und wenn prominente oder der Zielgruppe bekannte Personen beteiligt sind, ist das noch besser. Es sind gerade die originellen und lokalen Themen, die Nachrichten in Kundenmagazinen lesenswert machen. Was ist für die Zielgruppe von besonderem Interesse?

Sprachregeln

Nachrichten sollen klar verständlich sein und keinen Platz für Missverständnisse offenlassen. Wir schreiben also in einer klaren, prägnanten Sprache, setzen knackige, attraktive Headlines ein und bleiben immer aktiv am Geschehen – Stichwort Verben statt Substantive. Auch wenn Superlative an sich verlockend sind, in Nachrichten haben sie nichts verloren, genauso wenig wie Floskeln oder ein Schwall von Fremdwörtern.

Die Nachricht wird lebendig

Auf den News-Seiten von Magazinen stecken die wichtigen Informationen der Unternehmen bzw. Organisationen. Geht man kreativ genug an den Sachverhalt heran, eröffnet sich aber ein großer Spielraum, um die Information in ein spannendes und anschauliches Gesamtpaket zu verpacken: Wenn Platz genug ist, darf die Nachricht auch in einen ausführlichen, lebendigen Bericht mit Originalzitaten verpackt werden.

Optischer Anker

Selbstverständlich wird im Optimalfall ein Bild dazugeliefert, das einen besonderen Moment mit relevanten Personen festhält. Unsere Nachrichten leben natürlich auch von diesen Bildern: Leben heißt für uns Authentizität statt Beliebigkeit. Bilder aus Bilddatenbanken sind nett, wecken aber keine Emotionen und passen absolut nicht für eine Nachricht. Bilder, die echte Personen zeigen, den Verkäufer beim Testen des neuen Gerätes, die Frisörin beim Föhnen, den Geschäftsführer beim Spatenstich, geben der Nachricht ihre Einzigartigkeit. ∎

Friendly Focus: die Reportage im Content Marketing

„Gschichtldruckn" ... Uns ist durchaus bewusst, dass der Begriff negativ konnotiert ist: Wird er doch in der österreichischen Umgangssprache als lässiges, wie wohl eher nett gemeintes Synonym für „Lügen erzählen" gebraucht. Schade, wie wir meinen, denn es reicht, ihn zu splitten, und man versteht, warum er in Hinblick auf unsere Arbeit positive Assoziationen weckt. Wer nämlich „Geschichten druckt", bringt Farbe, Freude und Spaß in den Alltag. Die perfekte Textsorte dafür? Die Reportage, ganz klar.

Schreibtisch, ade

So nimmt man die Leser mit auf einen Spaziergang mit der Biobäuerin durch ihren duftenden Rosengarten, lässt die User am Spaß teilhaben, den der Familienausflug in den Abenteuerpark mit sich bringt, oder man begibt sich auf Spurensuche in die künstlerische Heimat eines erfolgreichen Malers. Wie mit einer Kamera fängt man vor Ort all das ein, was für die Story relevant ist, lässt Menschen zu Wort kommen, die untrennbar damit verbunden sind. Unerlässlich dafür: eine ausgiebige Recherche zuvor, viel Feingefühl im Umgang mit (potenziellen) Interviewpartnern, eine professionelle Sichtung des Materials hinterher sowie letztlich der spannende Aufbau des Textes. Eine Reportage ist also eine aufwendige Gschicht und niemals in fünf Minuten erledigt – im klassischen Journalismus ebenso wie im Content Marketing und Corporate Publishing.

Kritik mit Fingerspitzengefühl

Was charakterisiert aber nun die Reportage als Textsorte im CM/CP? Es ist das Gefühl für die Dosierung von Pro und Kontra, die der Redakteur an den Tag legen muss. Will heißen, dass kritische Aspekte durchaus beleuchtet werden können, allerdings mit einem Augenzwinkern präsentiert werden, sodass sie letztlich positiv konnotiert sind. Beispiel gefällig? Eine Reportage zum Thema „Urlaub am Bauernhof" für ein Kunden- und Mitgliedermagazin einer landwirtschaftlichen Genossenschaft beginnt mit dem Zitat „Alle fahren in coole Klubs in den Süden und wir müssen hier am Arsch der Welt Urlaub machen!". Alles andere als ein Kompliment, keine Frage. Durch die anschließende Erklärung der Bäuerin wird es aber zu einem solchen. Sie erzählt nämlich, dass den Ausspruch ein Teenager getätigt hat und diese junge Dame letztlich aber so begeistert von diesen Ferien war, dass sie mit ihren Eltern mehrere Jahre lang dort Urlaub machte.

Urlaubsfeeling

By the way: Dieser „Friendly Focus" gilt selbstverständlich auch für Reisereportagen – eine Grauzone der Textsorte im Bereich des klassischen Journalismus. Es wäre schließlich unsinnig, den Massentourismus zu thematisieren, wenn man Lust auf eine bestimmte Urlaubsdestination machen will. Schaut man genau hin, so finden sich auch hier genug Beispiele für „positives Kontra". Um nur eines herauszugreifen: Unter dem Titel „All-inclusive-Urlaub für Naturliebhaber" war es kein Problem, auch von den Schlangen zu erzählen, die sich auf den Wegen eines All-inclusive-Klubs in Bulgarien gerne sonnen. Der Grund dafür: In direkter Nachbarschaft der Anlage befindet sich ein großes Naturschutzgebiet, das für seinen Artenreichtum bekannt ist. Und da den Reptilien der Maschendrahtzaun zwischen den Grundstücken logischerweise mehr als egal ist und die asphaltierten Wege wunderbar warm sind, schauen die Tierchen eben ab und zu vorbei.

Gute Manieren wieder gefragt

Last but not least ist es uns ein Anliegen, einen Punkt anzusprechen, der eigentlich eine Selbstverständlichkeit sein sollte: die guten Manieren! Ohne Freundlichkeit, Respekt und Geduld den Interviewpartnern gegenüber wird man nämlich nie die heiß begehrten „Sager" bekommen, die letztlich jeder Reportage Würze verleihen, wie „Holz ist sexy" (ein Bauer zum Thema Forstwirtschaft) oder „Die Kinder sagen's frei raus: ‚Des stinkt aber!'" (eine Therapeutin über die Sole, die zur Behandlung von Hautkrankheiten im Thermenland Steiermark verwendet wird).

Cooles Storytelling!

Gschichtln sind also im Content Marketing und Corporate Publishing alles andere als Lügen. Fresh Content entsteht durch die positiven Geschichten, auf die man im Rahmen der Reportage stößt. Sie sind es, die „gedruckt" werden. Und wer sich nach wie vor mit der „Gschichtldruckerei" nicht anfreunden kann, weicht am besten auf die „Trendvarianten" des Begriffs aus und betreibt cooles „Storytelling" oder „Narrative Writing".
Somit ist dann auch die negative Konnotation schnell Geschichte! ∎

Sehr gefragt: das Interview

Frisch gefragt ist halb gewonnen? Ja! Auf eine präzise Frage erhält man selten eine vage Antwort, auf eine relevante kaum je eine nichtssagende. Und da die Qualität der Fragen in einem Gespräch bereits die halbe Miete ist, ist das Interview eine nachgefragte journalistische Darstellungsform. Auch und gerade im Content Marketing.

Gut Ding braucht Vorbereitung

Ein gutes Interview macht Arbeit, viel Arbeit sogar. Dafür lohnt sich diese Arbeit für den, der an sein Gegenüber, dessen originelle Gedanken, dessen spezifische Erfahrung, dessen fundiertes Wissen oder auch einfach dessen inspirierende Persönlichkeit herankommen will, aber auch fast ausnahmslos. Wer sich auf seinen Gesprächspartner sorgfältig vorbereitet, holt mehr aus ihm heraus. Und dieses Mehr ist das Frische am Inhalt, das Gehaltvolle, das man auch als Fresh Content bezeichnen kann.

Ein Austausch auf Augenhöhe

Wenn eine Person Ja zu einem Gespräch sagt, sieht sie darin meist auch für sich und ihre eigenen Anliegen einen Nutzen. Auf diesen auf Austausch und der gleichen Augenhöhe beruhenden Charakter der Interviews weist auch schon der Wortstamm hin, der lateinischer bzw. französischer Herkunft ist. Entrevue bzw. s'entrevoir bedeutet so viel wie „vereinbarte Zusammenkunft" oder, frei übersetzt, „sich gegenseitig (kurz) sehen".
Ein Interview im besten Sinn des Wortes kommt also nur zustande, wenn auch der Fragende bereit ist, etwas von sich zu geben. Dies geschieht idealerweise in Form von Neugier, Offenheit, Respekt und Feingefühl, intensiver Vorbereitung und natürlich auch in Form der Plattform, der Öffentlichkeit, die man dem Interviewpartner mit der Veröffentlichung ja bietet.

Nice to be: the Person of Interest

Sie wollen Beispiele für die Win-win-Situation des Interviews hören? Da ist die Medizinerin, die im Interview die Möglichkeit sieht, Kompetenz zu demonstrieren und Menschen aufzuklären. Die talentierte Designerin, die aber noch keiner kennt. Oder der Chefdirigent, der sich einfach geschmeichelt fühlt. Alle sehen sie die Anerkennung ihrer Person oder Arbeit, die in der Tatsache einer Interviewanfrage mitschwingt. Im Fachjargon gesprochen, sind die Interviewpartner Persons of Interest (wenn das Interview direkt ihrer Person gilt) oder aber Vermittler von Points of Interest (wenn ein Interview zur Sache oder zur Meinung geführt wird).

Die Frageform: Wer stemmt sie?

„Wer langweilig fragt, hat spannende Antworten nicht verdient", sagt der Autor, Trainer und Coach Christian Thiele in seinem Buch „Interviews führen", das 2009 im UVK-Verlag erschienen ist. Das stimmt, die Kunst besteht allerdings nicht allein darin, Interessantes zu erfragen, sondern auch darin, die Frage-und-Antwort-Form nur an jenen Gesprächspartnern zu praktizieren, die auch präzise, verständlich und anekdotisch zu antworten vermögen. Das sind, genau betrachtet, wenige.
Den wahren Profi zeichnet deshalb aus, dass er auch Menschen, die eigentlich verschlossen, bescheiden und/oder schüchtern sind, mit Feingefühl „öffnen" kann. Dass auch diese Interviewpartner etwas von sich preisgeben, weil sie diesem Menschen, der ihnen Fragen stellt, ganz einfach vertrauen. Das ist nicht immer einfach, aber Geduld ist hier oft der Schlüssel.

Fad = sinnlos!

Hier blinkt im Bereich des Content Marketings ein Freiraum auf, ein kleiner feiner Unterschied zur streng journalistischen Arbeitsmethode. Im Content Marketing dürfen wir bei der Abbildung der Antworten der Gesprächspartner ein wenig auf die Sprünge helfen. Höchst professionell natürlich. Antworten werden präziser gefeilt, wo etwas Prägnanz gefehlt hat. Und das selbstverständlich, ohne die Inhalte zu verfälschen. Ein Interview ist nur dann relevant, wenn es für den Leser (den User, die Zielgruppe) interessant, informativ und/oder unterhaltsam ist. Fad ist gleich sinnlos!

Mitgestalten gestattet

Man könnte auch sagen: Ein bisschen mitgestalten ist gestattet. Das soll heißen, dass das Formen, Verknappen und Verdichten sowie redigierende Eingriffe zugunsten von Verständlichkeit und Prägnanz zwar auch im Journalismus Usus, aber dort nur in einem sehr begrenzten Ausmaß statthaft sind.
Bei Content-Marketing-Interviews ist – auch hier selbstverständlich in Abstimmung mit dem Interviewten – das Pointieren, Schleifen und Frisieren in Ordnung. Das Ergebnis dieser feinen Arbeit am Text sind Geschichten, die auch leuchten, Aussagen, die auch berühren, Inhalte, die andocken. Nicht das vom Interviewpartner Geäußerte wird geändert, aber manchmal etwas an der Form gefeilt.

Die Freigabe: finales Zeichen von Respekt

Wie die gesamte Interview-„Zusammenkunft" und das Verfassen des Textes beruht dann auch der letzte Akt, die „Freigabe" bzw. das Autorisieren der Inhalte durch den Gesprächspartner, auf gegenseitigem Respekt.
Dass ein Text – und insbesondere das Interview, das ja wortwörtliche Aussagen darstellt – sorgfältig gelesen und für gut befunden werden muss, bevor er in Druck oder auch online geht, ist eine Selbstverständlichkeit. ∎

BLOGTIPP

Christian Thiele
WWW.INTERVIEWSFUEHREN.DE
Feinste Blogs über die Kunst des Fragens für alle, die sich in dieser Disziplin fortbilden (und unterhalten) wollen, findet man bei Christian Thiele.

BUCHTIPP

Alexander Gorkow
DRAUSSEN SCHEINT DIE SONNE
Darin versammelt ist eine Auswahl der besten Interviews, die Alexander Gorkow mit bekannten Persönlichkeiten für die „SZ am Wochenende" geführt hat. Wer auch nur eines von ihnen liest, bemerkt, dass sie anders sind als andere: intensiver, lustiger, inniger, überraschender, ergiebiger. Verlag Kiepenheuer & Witsch.

Der Kommentar: Lasst Experten sprechen

(K)ein Kommentar. Selbst auf die Gefahr hin, ein „Ist ja eh klar" zu ernten, sei der Vollständigkeit halber gleich zu Beginn erwähnt, was der Duden über den „Kommentar" zu sagen weiß: Er ist die „kritische Stellungnahme zu einem aktuellen Ereignis oder Thema", heißt es dort. Ergo ist der Kommentar in Ich-Form verfasst, mit einem Porträt des Autors versehen und bezieht sich auf einen konkreten Sachverhalt.

Der Kommentar folgt dem klassischen Aufbau von Einleitung, Hauptteil und Schluss. Teil eins ist meist eher kurz gehalten und soll den Leser neugierig machen, in Teil zwei unterstreicht man mit Argumenten seinen Standpunkt und zum Schluss gibt's ein möglichst griffiges Fazit, das den Lesern und Usern Reaktionen der Marke „Ja, ganz meine Meinung!" oder „So einen Schwachsinn hab ich schon lange nicht mehr gelesen!" entlockt. Macht sich der Leser dann sogar noch die Mühe, die eigene Sichtweise dem Verfasser per E-Mail mitzuteilen oder die Kommentarfunktion des Blogs zu nutzen, ist das das Tüpfelchen auf dem i für den Autor. Gibt's keinen (gemurmelten, ausgerufenen oder aufgeschriebenen) Kommentar zum Kommentar, ist er genau genommen „in die Hose gegangen".

Im Rahmen des Corporate Publishing und Content Marketings sieht die Sache ein klein wenig anders aus. Eindeutige Unterscheidungsmerkmale zum klassischen Kommentar sind die Themen sowie der Blickwinkel des Autors auf den Sachverhalt:

So geht das!

Der Kommentator ist dem Unternehmen verbunden, das das Magazin herausgibt beziehungsweise den Blog präsentiert. Bei dieser Form des Kommentars geht es darum, die Kompetenz der Mitarbeiter und die Vorteile des Firmenangebots hervorzuheben. Experten sollen mit ihrem Fachwissen der Leserschaft auf die Sprünge helfen und Zusatznutzen bringen – im Content-Marketing-Alltag spricht man deshalb auch vom „Expertenkommentar". So gibt's dann Tipps vom Mechanikermeister für den Reifenkauf, der Human-Resource-Experte liefert Infos zum Bewerbungstool oder die Dermatologin behandelt das Thema Sonnenbrand. Die Mitglieder und/oder Kunden bekommen relevantes Wissen aus erster Hand serviert und erfahren mitunter wichtige Skills für ihr Leben: „So geht das!"

Keine Werbeveranstaltung

Ein derartiger Kommentar darf weder zur Werbeveranstaltung für ein Produkt noch zum trockenen Servicetext werden, bei dem die Leser gelangweilt oder genervt wegklicken oder nach der Lektüre gleich schlau sind wie davor. Eine Gratwanderung, die dem Schreiber viel Gespür für den Inhalt abverlangt. Da man davon ausgehen kann, dass die jeweiligen Fachleute mit dem Verfassen von Texten meist nicht so vertraut sind, obliegt es der Redaktion, die Inhalte ansprechend, lesbar und natürlich SEO-freundlich aufzubereiten. Zudem gehört es zum Ghostwriter-Alltag, den PR- und Marketingprofis klarzumachen, dass in diesen Texten persönliche Meinungen nicht nur wichtig, sondern unerlässlich sind. Wer das Persönliche streicht, landet schnell in der trockenen Gebrauchsanweisung oder im klassischen Werbejargon – und diesen gilt es bekanntlich tunlichst zu vermeiden.

Feedback – ja, bitte

Was die Online-Kommentarfunktion betrifft, so unterscheidet sich Content-Marketing nicht vom klassischen Pressebereich. Wer um Meinungen bittet und kritische Kommentare erhält, sollte sich dieses wertvolle Feedback durch den Kopf gehen lassen und ernst nehmen. Ob er bei sofortiger Freischaltung tatsächlich alle User daran teilhaben lässt oder manches gar nicht freigeschaltet wird, muss jede Firma – auch jedes unabhängige Medienunternehmen – mit sich selbst ausmachen. Werbetechnisches Korrigieren von User-Kommentaren ist jedoch selbstverständlich ein absolutes No-Go.

Auf alle Fälle sollte man den Dialog – hinter oder vor den Kulissen – suchen. ∎

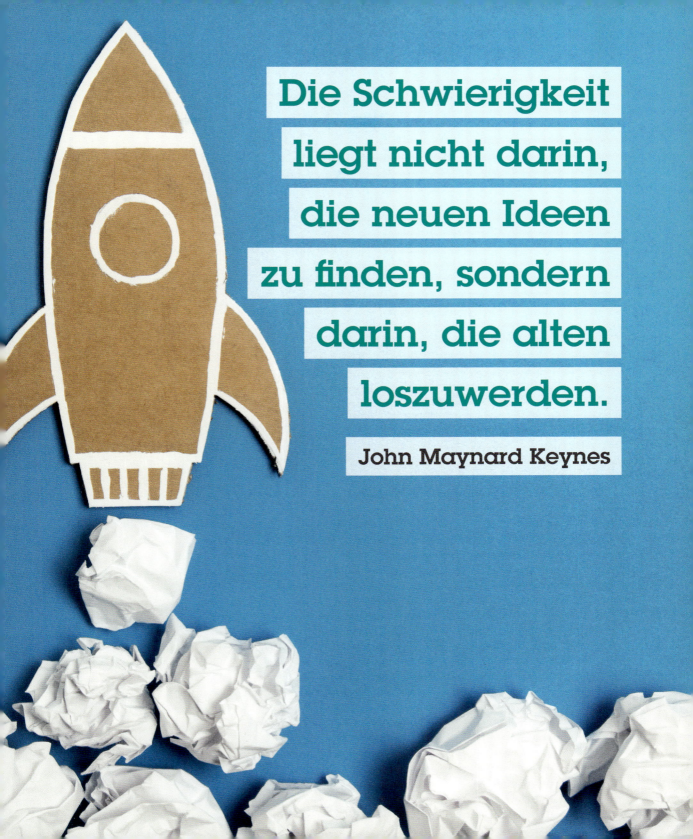

Die Glosse – Mückenstich und Farbtupfer

Sie soll kritisch, originell und witzig sein. Und sie wird gern als die schwierigste der journalistischen Darstellungsformen bezeichnet – die Glosse.

Der Begriff Glosse kommt aus dem Altgriechischen und bedeutet übersetzt so viel wie ein kurzer Meinungsbeitrag. Wesentlich ist, die Glosse nicht mit dem Kommentar zu verwechseln. Der Unterschied: In der Glosse wendet man Stilmittel wie Ironie und Satire an. In erster Linie unterscheidet sich die Glosse also vom Kommentar nicht im Thema, sondern in ihrer sprachlichen Form. Laut Noelle-Neumann ist sie „der Farbtupfer, das Streiflicht oder der Mückenstich" unter den Meinungsstilformen (Noelle-Neumann, Elisabeth, Schulz, Winfried und Wilke, Jürgen [Hrsg.]: Publizistik. Massenkommunikation, Frankfurt/M. Fischer 1995).

„Das Ende der Lattemacchiatisierung"

Egal, ob man politische Inhalte, Beziehungsprobleme, Marotten, Unsitten oder Tücken des Alltags in Form einer Glosse behandelt, das Wichtigste ist, dass sie die Neugierde der Leser weckt, unterhaltsam ist und zum Nachdenken anregt.
Kirsten Reinhardt hat beispielsweise in der „ZEIT" (www.zeit.de) über „Das Ende der Lattemacchiatisierung" eine Glosse verfasst – ein Plädoyer für den stinknormalen Kaffee. Im Folgenden in Auszügen zitiert: „Die Grazie mit Heidi-Klum-Pony vor mir haucht: ‚Einen entkoffeinierten Latte macchiato mit fettreduzierter Sojamilch, bitte, schön heiß mit wenig Schaum. To go – ach ja, machst du noch Cinnamonaroma rein …' … Oh nein, gleich bin ich dran und habe noch immer keinen Schimmer. Espresso macchiato wäre doch was, oder soll ich doch lieber einen Ice Latte nehmen? Und wer zur Hölle will Chai, einen klebrigsüßen Sirup aus Teekonzentrat?"

Auffallende Merkmale

Was eine Glosse letztlich zur Glosse macht, ist die geistreiche und überraschende Pointe am Schluss. Davor geht es darum, sich einer lebendigen Sprache zu bedienen (treffende Adjektive!) und viele Argumente und persönliche Meinungen anzuführen. Diese verpackt der Autor am besten mit dem Stilmittel der Übertreibung auf ironische bzw. sarkastische Weise in einen kompakten Satzbau. Wovon die Glosse nie genug bekommen kann? Von der Komik! Schließlich ist das Ziel der Glosse dann mit Sicherheit erreicht, wenn sie die Leser zum Lachen bringt.

„Spliss unserer Werbekultur"

Bastian Sick schreibt im „Spiegel online" in seiner „Zwiebelfisch"-Kolumne (www.spiegel.de) mit besonderer Vorliebe über sprachliche Unsicherheiten und Fehler in der Werbung. Er entdeckt beim näheren Betrachten einer Shampoo-Flasche der Marke Pantene Pro-V den Hinweis „Für zu Schuppen neigendem Haar". Und korrigiert: „Richtig hätte es heißen müssen: ‚Für zu Schuppen neigendes Haar', denn die Präposition ‚für' erfordert den Akkusativ, egal ob ein Shampoo ‚für seidiges Haar', ‚für strapaziertes Haar' oder ‚für von Spliss geplagtes Haar' ist. Der Grammatikfehler auf der Shampoo-Flasche symbolisiert den Spliss unserer Werbekultur."

Seine Schlusspointe, nachdem er in einer Kampagne für AXE im „Effekt für's Haar" noch den fälschlich gesetzten Apostroph anprangert: „Vielleicht ist die Zeit reif für ein wirksames Pflegemittel ‚Für zu Fehlern neigendes Deutsch'? Damit müsste man in diesem Land Millionen verdienen können!" ∎

Betreff: „Newsie?"
5 Lanzen für den guten alten Newsletter

Und wieder ist ein Monat vorbei, und wieder gilt es, die aktuellsten Neuigkeiten im Newsletter des Unternehmens zu verkünden. Die gute Nachricht? Das IST bereits definitiv die gute Nachricht!

Wenn Sie jetzt überrascht sind, lesen Sie bitte weiter, Sie werden Ihren eigenen Newsletter hoffentlich bald mit anderen Augen betrachten – und nicht länger als lästige Pflichterfüllung.

Auch wenn der Newsletter schon einige Jährchen auf dem Buckel hat – er ist ja quasi ein Enkel des analogen Rundschreibens – und sich in der selbstverständlichen Erscheinungsweise gefügig in den Alltag integrieren ließ, sollte man ihm mehr zutrauen, als einfach nur eine regelmäßige Erinnerung an den Absender wachzurufen. Er gehört in den Marketing-Mix jedes Unternehmens und jeder Organisation und ist ein wichtiges Instrument von vielen, auf denen wir möglichst virtuos unsere Inhalte spielen sollten.

„Der Newsletter ist eines der meistunterschätzten Instrumente."

Mag. Dr. Reinhard Neudorfer brach in einem Vortrag zum Thema digitales Marketing eine Lanze für den guten alten Newsletter. „Er ist einfach zu nutzen – und wirksam!", weiß der Lektor am Grazer Campus 02 (Informationstechnologie und Wirtschaftsinformatik) und Geschäftsführer von Digitalherz aus seinen Erfahrungen mit zahlreichen Kunden zu berichten. „Ich kenne kein Unternehmen, das den Newsletter einsetzt und nichts damit bewirkt" – Neudorfer weiß von Kunden zu berichten, die ihre Newsletterfrequenz sogar herabsetzen mussten, weil sie den Response beziehungsweise die Folgeaufträge nicht mehr bewältigen konnten. Nun, falls Sie von Luxusproblemen solcherart leider (noch) nicht geplagt werden, klopfen wir die To-do-Liste für den gelungenen „Newsie" Punkt für Punkt gemeinsam ab.

#1 Nützen Sie Ihre Instrumente und Tools!

Neudorfer ortet immer wieder brach liegendes Potenzial in Unternehmen. Da gibt es Kundendaten, die irgendwo herumlungern, die Website sollte auch wieder einmal aktualisiert werden und da war doch noch der Newsletter ... Bringt der überhaupt was? Wenn Sie nicht wissen, wie viele Menschen überhaupt den Newsletter aufmachen, dann kontrollieren Sie doch mal die Öffnungsrate, denn das ist die wichtigste Voraussetzung für die Wirkung eines Newsletters.

#2 Messen Sie Ihren Erfolg

Die Öffnungsrate erfahren Sie nicht, wenn Sie über herkömmliche Mailprogramme arbeiten, um Ihre Neuigkeiten zu versenden. Ein weiterer Nachteil der „altmodischen" Versandart: Sobald Sie mehr als 20 Adressen anschreiben, besteht je nach Einstellung des Spamfilters die Gefahr, dass Ihr Newsletter in den Tiefen eines Spam-Ordners versinkt.
Daneben bieten die – kostenfreien – Newsletter-Tools bequeme Handhabung, Strukturierung der Inhalte und natürlich die Möglichkeit, Bilder und Videos einzubauen sowie Ihre Inhalte zum Beispiel von Ihrer Website auch sinnvoll zu verlinken. Also: Software für die Versendung Ihres Newsletters besorgen, Öffnungsrate bekannt machen.

#3 Betreff: Sesam, öffne dich!

Sicher kennen Sie selbst diese Situation ganz genau: Newsletter reiht sich an Newsletter in Ihrer Mailbox und Sie kommen manchmal nicht mit dem Abbestellen nach. Wie muss solch ein Rundschreiben also beschaffen sein, damit man es nicht entnervt in den digitalen Papierkorb verschiebt? Oberste Priorität: Machen Sie den Betreff zur Chefsache – Text-Chefsache! Der Betreff entscheidet alles. Wie der Titel in Printmedien und der Teaser auf Websites ist der Betreff das Zünglein an der Waage: Lässt man sich ein auf das, was für das Dahinter versprochen wird? Ist es mein Thema? Originell? Überraschend? Verwirrend? Witzig, spritzig, pfiffig, verrückt? Wenn der User beim Lesen des Betreffs die Mundwinkel oder die Augenbrauen auch nur beinahe unmerklich hebt, haben Sie gewonnen: Klick!

#4 Eine Schatzkiste voll mit Schoko

Und jetzt zeigen Sie bitte Ihre Schokoladenseiten und präsentieren Sie Ihre Schatzkiste.
Wir gehen davon aus, dass Sie Ihre Zielgruppe gut kennen und im Idealfall die Mailadressen nicht nur gekauft, sondern aus dem Tagesgeschäft lukrieren konnten, Sie „kennen" also mehr oder weniger die Menschen, die Sie anschreiben. Noch ein Optimalfall, der laut Neudorfer ein höchst seltener ist: Sie haben im Vorfeld bereits die Erlaubnis für die Zusendung des Newsletters eingeholt. Wie muss Ihr Rundschreiben nun beschaffen sein? Was muss die Schatzkiste enthalten?

„Zwei bis maximal fünf Themen", rät Neudorfer für einen Newsletter und pro Abschnitt ein bis drei Sätze. Das Wichtigste – pointiert zusammengefasst. Eine sinnvolle Bild-Text-Kombination. Die Auswahl der Themen muss selbstverständlich für Ihre Zielgruppe relevant und interessant sein. Pro Thema ein Link zum Content auf der Website – und bitte auch die Bilder verlinken!

Pro Thema wäre ein Call to Action – ein handlungsleitendes Element – absolut optimal. Ihre User sollen schließlich auf die Links, die Bilder, auf Ihre Tipps und Anregungen reagieren! Sie sollen auf Ihre Website klicken oder noch besser in Ihren Webshop.

Nicht zu vergessen: Der Newsletter muss auf allen Endgeräten funktionieren und gut lesbar dargestellt werden – auf dem Computerbildschirm, am Tablet und auf Ihrem Smartphone (Stichwort Responsive Design!).

Last, but not least muss immer auch eines vorhanden sein: die Möglichkeit zur Abbestellung des Newsletters, denn es kann mitunter ja vorkommen, dass der Adressat ihn nicht ausdrücklich bestellt hatte ... ;-)

#5 Fresh Newsletter bestellen!

Falls Sie jetzt unbedingt wissen wollen, wie unser Fresh-Content-„Newsie" aussieht, klicken Sie beherzt auf unsere Website ... www.fresh-content.at ■

Drama, Baby!
Damit der Unternehmensblog kein Trauerspiel wird

Es reicht nicht, SEO-optimiert zu arbeiten und zu wissen, wie Google & Co. funktionieren, um mit einem Unternehmensblog erfolgreich zu sein. Auch mit den Menschen muss es klappen. Ein Plädoyer für Information plus Drama!

Einen Corporate-Blog zu führen, kann – längerfristig betrachtet – ein sehr effektiver Weg sein, seine Kompetenz zu zeigen, seine Marke zu stärken und Kunden zu finden. Die meisten Corporate-Blogs kommen bei ihren Lesern aber gar nicht an, wie eine Studie des Portals karrierebibel.de ergab (Studienautor: Jochen Mai). Der Grund dafür, dass dies oft noch nicht der Fall ist, sind vor allem „falsche Inhalte", aber auch ein Schreibstil ohne Ambition und „Drama". Was kann man als Texter also tun, damit die ausgesandten Blogposts auch jemanden interessieren?

Stellen Sie sich innerlich vor ein Publikum!

Der Clou dabei: Wer sich seine Leser leibhaftig ausmalt, wird sie weder unterschätzen noch sie unnötig aufhalten oder gar langweilen wollen. Das motiviert den Schreibenden von innen heraus und lässt das berufsbedingte Müssen und Sollen hinter das Wollen zurücktreten. Sie wollen also! Und allein schon deshalb werden Sie auch eher Ihr Publikum nicht enttäuschen, sondern auf unterhaltsame Weise informieren. Es soll nach Ihrer Vorstellung bereichert nach Hause gehen. Applaus, Vorhang zu und bis zum nächsten Mal!

Was dann mit Ihren Blogbeiträgen vielleicht nicht passiert, ist das, was laut einer Studie des Portals karrierebibel.de den meisten Corporate-Blogs widerfährt: Sie werden tausendfach verfasst, kommen bei ihrem Publikum aber nicht an und bleiben großteils ohne Rückmeldung. So jedenfalls lautet der Befund, den Mai jenen 30 deutschen Unternehmen, deren Blogerfolge er 2014 unter die Lupe genommen hat, ausstellen muss.

Sein Fazit: Derzeit erreichen die meisten der untersuchten Blogs ihre Leserschaft nicht. Zu unrhythmisch (ideal: zweimal wöchentlich und regelmäßig), falsche Themen und zu viel Monolog statt Dialog. Vor allem hapert es aber an der Themenvielfalt und dem Schreibstil, die für Mai „großteils ein Trauerspiel mit viel Luft nach oben" sind.

Sehen Sie jeden Beitrag als informatives kleines Seminar!

Auch wenn wir weit davon entfernt sind, in den Lehrberuf zu wollen: etwas von seinem Wissen und seinen Erfahrungen gibt fast jeder gern weiter. Ein bisschen in diesem Sinne kann man auch den Unternehmensblog betrachten: Konzipieren Sie sich jeden Blogbeitrag als Mini-Seminar für wirklich Interessierte! Schließlich sind Ihre Besucher auch nicht ganz zufällig in Ihrem „Seminar" gelandet. Ziemlich sicher haben sie einen „Mangel", also eine Frage oder gar ein echtes Problem im Gepäck. Der Ratschlag lautet also: Im Blog nicht behaupten, wie gut Ihr Unternehmen etwas kann, sondern dem Leser etwas geben, was er nur bei Ihnen bekommt.

Mit jedem Blog, der sich an den realen Bedürfnissen der Leser orientiert, macht man diesen ein Kommunikationsangebot, das mit der Zeit auch fruchten wird. Schließlich heißt „Seminar" auf Lateinisch „Pflanzschule". Zu sehen, ob ein „Blog-Pflänzchen" wächst, macht das Bloggen, wiederum von innen heraus, spannend!

Stellen Sie sich Ihre Leser klug und kritisch vor – und bieten Sie ihnen etwas Neues!

Was lesen wir? Artikel, die uns interessieren. Weil sie sich mit einem Thema befassen, das uns interessiert, und weil sie – so die Hoffnung – Informationen und Gedanken enthalten, die wir (in dieser Weise) noch nicht kannten. Das ist es auch, was ein Text leisten muss, damit er mehr als kurz angelesen wird.

Wenn der Leser merkt, dass aus einem Beitrag nichts Neues (neu auch im Sinne von neu oder anders gedacht, betrachtet, formuliert) zu holen ist, kommt er nicht wieder und wird auch kein (anerkennendes) Feedback zurücklassen.
Der Begriff „Mehrwert" ist eine Floskel geworden, aber die Idee dahinter gilt. Der Mehrwert ist eine Art Geheimzutat, die jeder Blog entwickeln sollte, die ihn auf seine Weise einmalig macht.

Machen Sie aus jedem Text ein kleines Drama!

Blogs, die Leser finden, sind meist informativ und unterhaltsam zugleich. Viele der Unternehmensblogs haben von beidem nicht viel, wie Jochen Mais Studie feststellte. Sie haben den Anschein von Pflichtübungen oder verbrämter Unternehmens-, Branchen- oder Produkt-PR. Allzu oft wirken sie uninspiriert und lesen sich floskelhaft wie Kochbücher. Um zu überzeugen, braucht es mehr Emotionen und mehr Drama! Drama bedeutet Farbe, Witz, Mut und einen gewissen Spannungsbogen, der motiviert, bis zum Schluss des Beitrags weiterzulesen. Der Leser sollte wissen wollen, worauf dieses „Drama" hinausläuft. Und es soll sich für ihn lohnen, bis ans Ende mitzugehen.

Entwickeln Sie Ihren eigenen Blogstil!

Eine Gefahr von Unternehmensblogs ist jene, dass sie kein „Gesicht", kein Profil, keine „Handschrift" haben. Sie wirken weichgespült und austauschbar, sehr „mainstreamig" und bieten kaum Ecken und Kanten. Doch das kann man von den erfolgreichen selbstständigen Bloggern lernen: Sie bringen Meinungen und Standpunkte zum Ausdruck, scheuen sich nicht davor, Position zu beziehen und auch einmal Widerspruch zu erregen oder klar zu provozieren.

Corporate-Blogs lassen – neben dem fehlenden Nutz- und Informationswert – auch oft den authentischen Stil vermissen. Dieser Stil kann und muss, bei mehreren Personen, die sich die Blogarbeit teilen, auch aus mehreren Stilen bestehen. Stil aber muss sein. Denn auch wenn das Unternehmen als Ganzes aus dem Blog sprechen soll, sind es doch immer Personen, die das Unternehmen repräsentieren. Das weiß man – und der Leser darf es folglich auch merken.

Nehmen Sie Peilung zum Publikum auf!

Mehr Dialoge statt Monologe und öfter einmal ein Blick über den Tellerrand hinaus empfiehlt Jochen Mai als ein Fazit seiner Studie. Und das ist gar nicht so schwer: Wer wissen will, was seine Zielgruppe interessiert, kann schauen, was die Leser bei anderen Blogs aus der Branche kommentieren, was sie reizt, welche Themen sie beschäftigen und welche Fragen noch unbeantwortet geblieben sind. „Bevor ich anfange zu senden, muss ich erst mal empfangen", fasst es der erfolgreiche Blogger und Geschäftsführer von karrierebibel.de zusammen.

Colour up your Blog!

Wer sich seinen Leser als klug und interessiert vorstellt, dem wird auch klar, dass ein Blogger allein sie nicht dauerhaft bedienen kann. Deshalb: Colour up your Blog! Vielfalt ist gut! Laden Sie immer wieder auch Gastautorinnen und -autoren ein, die frische Inhalte in Ihren Unternehmensblog bringen und mit ihrer fachlichen Kompetenz für eine Bandbreite sorgen, die Sie selbst so nicht bieten könnten. ∎

Sicher kein Fehler: Setzen Sie auf anschauliche Texte!

Wo immer sich Menschen von einem Text unmittelbar angesprochen fühlen, ist eine einfache, präzise und bildhafte Sprache am Werk. Wie ein anschaulicher Schreibstil gelingt, haben wir nachgelesen – 9 wichtige Regeln.

Wer Geschichten erzählen und Menschen mit seinen Inhalten erreichen will, muss – und das noch zwingender im Web als im gedruckten Magazin – auf gut geschriebene, anschauliche Texte setzen. Warum? Der nächste, möglicherweise bessere Beitrag ist in diesem Medium einfach immer nur einen Mausklick entfernt. Da sich das nicht ändern wird, heißt es aufsatteln. Sprich: besser zu schreiben als die Masse und mit Inhalten möglichst viel Nutz- und Mehrwert zu bieten. Die erfreuliche Folge dieser Notwendigkeit ist, dass das Handwerk des Schreibens sich wieder verfeinert. Stil sowie Inhalte, also alles, was im Internet so lange „litt" und Nivellierungen nach unten ausgesetzt war, erlangt neue Bedeutung. Und das nicht nur, weil der User selektiert, sondern auch, weil Google die Qualität, Originalität und Sinnhaftigkeit von Texten positiv bewertet.

Ganz wesentlicher Teil des Handwerks Schreiben ist es, Botschaften und Inhalte möglichst anschaulich und damit möglichst verständlich zu vermitteln. Eine bildhafte, klare und sinnliche Sprache zieht den Leser unmittelbar ins Geschehen, regt zum Weiterlesen an und ist die Initialzündung für ein Kopfkino, während der menschliche Geist vor leeren Worthülsen (ja, das ist wohl selbst so eine) und technokratischen Satzungetümen ganz schnell k. o. geht. Nur selten hat jemand den Willen, einen Text mühsam zu dechiffrieren, solange Tausende Alternativen warten. Anschaulich zu schreiben und in Geschichten zu entführen, heißt im Content Marketing also: einladen und servieren statt abweisen und frustrieren. Heißt, dem User entgegenkommen statt es ihm schwer machen. Das ist auch und ganz besonders bei komplexeren Inhalten wichtig.

So schreiben Sie anschaulich – 9 Regeln für anschauliche Texte:

#1 Suchen Sie nach dem treffenden Wort. Es inspiriert.

Meistens hat man die Wahl. Sage ich Zuhause, Wohnung, Bleibe oder die eigenen vier Wände? Alles lexikalische Varianten eines Begriffs, alle mit leicht unterschiedlicher Färbung. Andererseits gibt es für viele Wörter keine echten Synonyme. Wind zum Beispiel ist nicht mit Sturm oder Brise austauschbar, Hund nicht mit Köter, Polizist nicht mit Bulle. Wer schreibt, muss Wörter wählen. Es gibt Wörter mit vager Bedeutung (zum Beispiel „tief", „interessant"), die keine scharfen Grenzen haben, die markieren würden, was noch dazugehört und was nicht. Ein „schöner"

Tag ist ein Allerweltstag, ein „hübsches" Mädchen ist kaum anders als alle Mädchen. Deshalb: Suchen Sie nach einem „zupackenden" Wort für die jeweilige Erscheinung! Nach dem konkreten, markanten Wort. Es drückt mehr aus als ein Allerweltswort, hat Strahlkraft und ist Ihr erster Trumpf im Bemühen um die Leser. Die Suche nach dem treffenden Wort setzt einen positiven Kreislauf in Gang. Sie bringt dem Schreiber das Objekt näher, man sieht es selbst klarer. Diese Klarheit wird auch der Rezipient spüren. Sie wird Bilder in seinem Kopf auslösen. Tipp: Wenn Sie sich innerhalb eines Textes für einen Begriff (das treffende Wort) entschieden haben, bleiben Sie dabei. Besser, es mehrmals zu wiederholen, als den Leser mit zu vielen Synonymen zu verwirren.

#2 Bedienen Sie alle Sinne! Das erzeugt Nähe.

„Anschaulich" zu schreiben, meint, so zu schreiben, dass sich Bilder und ganze Geschichten vor dem Auge der Leser abspielen. Genau genommen geht es dabei aber um mehr als ums Anschauen; ein Text ist umso leichter aufzunehmen, je mehr Sinne er anspricht. So hat es auch Ernest Hemingway, der Meister des Storytellings im literarischen Sinn, gemacht: per Wort in eine sinnlich wahrnehmbare Welt gelotst. So knapp er auch dosierte: Die Mittagshitze, die weißen Berge oder die Gottverlassenheit eines Bahnhofs treten in seinen Texten sinnlich vor Augen und holen die Leser mit allen Sinnen an den Ort des Geschehens. Wer anschaulich schreiben will, suche daher nach Worten, die es leicht machen, sich das Beschriebene vorzustellen. Bildhaft schreiben kann man nur mit frischen, zumindest ein bisschen ungewöhnlichen Formulierungen. Wer schreibend dahintrottet, reißt schwerlich Leser mit.

#3 Blasen Sie den Verben den Marsch! Aber mit Bedacht.

Verben haben großen Einfluss auf das Tempo und die Verständlichkeit eines Textes. Schwach oder stark sind Verben nämlich auch im literarischen, nicht nur im grammatikalischen Sinn. Gehen beispielsweise ist ein schwaches Verb, schlendern, staksen, stapfen, stöckeln, stolzieren, latschen etc. sind starke Verben. Man könnte auch allgemein vs. speziell sagen. Die Palette an Möglichkeiten, sich mehr oder weniger kraftvoll, mehr oder weniger dynamisch und mehr oder weniger konkret auszudrücken, sollte beim Schreiben bewusst sein. Trotzdem gilt hier: nicht in jedem Fall das speziellere, intensivere Verb wählen. Zwar heißt es in Schreibratgebern oft, dass starke Verben starke Texte machen, aber das stimmt so nicht. Überzogene Verben ergeben ebenso wenig einen ansprechenden Text wie eine Anhäufung rein schwacher Verben.

#4 Aktiv statt Passiv! Stimmt. Fast immer.

„Das Passiv ist ein Lieblingsinstrument der Bürokratie", heißt es bei Wolf Schneider, dem bekannten Journalisten und Journalistenausbilder über Generationen. Und das ist klar: Sätze sind viel anschaulicher, wenn sie verraten, wer was tut, wie es beim Gebrauch des Aktivs der Fall ist. Das Passiv (zu erkennen an den Hilfsverben werden oder sein) macht Sätze tendenziell umständlich und unverständlich. Schneider: „Niemals sollten wir ein Substantiv verwenden, wo ein Verb denselben Dienst versieht." Ausnahmen gibt es aber auch hier. Sie sind beispielsweise dort zu finden, wo die handelnde Person absolut irrelevant ist.

#5 Adjektive nicht zu dick auftragen! Weniger ist mehr.

Auch so eine alte Regel: Adjektive machen einen Text anschaulicher. Stimmt schon, irgendwie, mancherorts. In journalistischen Texten (aber auch in PR-Texten) sollte man sie allerdings zügeln. Sparsam dosiert entfalten sie ihre Wirkung; in der Überdosis aber sind sie stilistisch schlecht, weil sie zu dick auftragen. Adjektive (lateinisch „die Drangeworfenen") tendieren dazu, eine Sache „aufzublasen" oder Pressemitteilungen als Eigenwerbung erscheinen zu lassen. Wenn es heißt: „Unsere neuen, innovativen Ideen", „das brandaktuelle, zeitlose Design" oder „die rundum begeisterten Kunden" denkt sich manch einer seinen Teil. „Weniger ist mehr" gilt selbstverständlich auch bei anderen aufgeblähten Formulierungen. Wie die Luft auslassen? Eine Vielzahl = viele, in ihrer Gesamtheit = alle, in Anbetracht des = wegen! So einfach ist das.

Wenn Adjektive, dann konkrete: Es ist ein Eckpfeiler aller erfolgreichen Kommunikation, dafür zu sorgen, dass jedes Wort etwas zu sagen hat. Lehrt Wolf Schneider in Anlehnung an ein Diktum aus der amerikanischen Stilschule, das lautet: „that every word tell". Nichts sagend sind beispielsweise Adjektive, die bloß doppelt moppeln: „Da lesen wir von harter Knochenarbeit, wichtigen Meilensteinen, einem wesentlichen Eckpfeiler, dem kritischen Hinterfragen; im Marketing vom üblichen Versprechen qualitativ hochwertiger Produkte und gezielter Maßnahmen", schreibt Schneider in seiner Serie „Deutsch-Stilkunde" in der „Zeit". Sein Fazit: „Adjektive dienen der Unterscheidung – das gelbe Kleid, nicht das rote. Wo sie bloß schmücken wollen, sollten sie anklopfen, und wo sie einer dümmlichen Mode dienen: draußen bleiben." Tipp: Schenken Sie den Adjektiven in Ihrem Text in der Prüfphase die nötige Aufmerksamkeit. Auch da kann man „weiße Schimmel" noch einfangen und den „brandneuen Relaunch" einfach Relaunch sein lassen.

#6 Sagen Sie es herzhaft! Nur das kurze Wort hat Kraft.

Ist in Hemingways Prosa ein nicht schlankes, nicht schlichtes, nicht kurzes Wort zu finden? Eher nicht. Er war noch mehr als ein Freund kurzer Sätze ein Freund kurzer Worte. Diese lassen selbst die wenigen langen Sätze, die bei ihm zu finden sind, sehr einfach und klar erscheinen. Auf die Spur der kurzen statt der langen Worte sind viele schon gekommen. „Je länger aber ein Wort, desto unanschaulicher", schrieb Jean Paul Richter 1804 in seiner „Vorschule der Ästhetik". „Die alten Wörter sind die besten, und die kurzen alten Wörter sind die allerbesten", sagte Winston

Churchill, Nobelpreisträger für Literatur. Folglich gilt auch für uns: Nie ein langes Wort benutzen, wenn es auch ein kurzes tut. Sagen wir Wetter statt Witterungsbedingungen und Gefahr statt Gefährdungspotenzial. Antwort statt Beantwortung, Gestaltung statt Ausgestaltung, zeigen statt aufzeigen. Wer wirken will, muss sich manchmal für kleine Einbußen in der Genauigkeit entscheiden. Fazit: Wer mit Worten wie Effizienzsteigerungsprogrammen und Energieverbrauchsflexibilität operiert, wird kein Hirn, geschweige denn ein Herz erobern!

#7 Floskeln und Klischees: Treiben Sie die Sau nicht allzu oft durchs Dorf!

Es ist, gerade im Marketing – wenn auch nicht nur dort –, ein gängiger Irrtum zu glauben, je floskel- und klischeehafter ein Text ist, desto professioneller und gekonnter ist er. Dabei: Floskeln und abgegriffene Wendungen sind ziemlich öd. So bequem darf man es sich nicht machen; es reicht nicht, sich täglich nur aus dem Lego-Satzbaukasten der Sprache zu bedienen, „alle Hebel in Bewegung zu setzen", „den Gürtel enger zu schnallen", „das Tanzbein zu schwingen" oder „aus dem Nähkästchen zu plaudern". So bildhaft diese Fügungen auch sind, Bilder entspringen ihnen keine mehr. Zu abgedroschen, zu wenig frisch! Allzu platte Sprachfiguren schläfern ein oder erregen bestenfalls Unmut. Statt das, was wir wollen: die Aufmerksamkeit der Leser und die Gunst der Kunden!

#8 Mut zum Knappen. Anschaulich heißt nicht ausführlich!

Etwas anschaulich und konkret zu beschreiben, braucht mehr Platz, heißt es in den Schreibratgebern. Das klingt nur logisch. Stimmt aber nur für den, der meint, Lesern jeden Schritt und jedes Lüftchen ausmalen zu müssen. Sollte man nicht. Wer etwas weglässt, schenkt den Lesern schöpferische Freude. Ein Beispiel für dieses Prinzip sind Lessings Fabeln. Sie verzichten auf jeden Gedanken, den Leser sich selbst machen können, lassen ihnen die Chance, sich selbst ein Bild zu machen. Anschaulich zu schreiben, ist auch die Kunst, mit knappen Pinselstrichen den Anreiz dafür zu schaffen. Schon Goethe hat es so gesehen, als er schrieb: „Der Drang tiefer Anschauung erfordert Lakonismus."

#9 Konkret versus abstrakt: Nahaufnahme am Beginn des Textes

Nur wer genau beobachtet bzw. exakt weiß, was er beschreiben will, kann es anschaulich beschreiben. Idealerweise geht man von der Perspektive her sehr nah ans Geschehen heran. Beschreibt, was man sieht, hört, riecht, schmeckt und denkt. Statt Dinge zu behaupten, kann man sie zeigen, das heißt: durch Beispiele indirekt belegen. Urteile und Bewertungen kommen – allenfalls – später, in der Mehrzahl aller Textsorten sind sie aber überhaupt nicht gefragt.

Auch beim Storytelling spielen die Leerstellen, die sich Leser selbst füllen, eine wichtige Rolle. Die „Moral von der Geschicht" wird niemals ausgesprochen. Storys leben von Wortwahl und Tonalität, von Lebensnähe und Kraft.

Die kürzeste Story der Literaturgeschichte hat wohl auch Hemingway geschrieben. Die Aufgabe bestand darin, mit nur sechs Worten auszukommen. „Zu verkaufen, Babyschuhe, nie benutzt." In Englisch: „For sale, baby shoes, never used."

Tipp: Ja, es gibt sie, die Hemingway-App, einen Text-Editor, der Texte nach den Kriterien des Hemingway'schen Schreibstils analysiert. ∎

INTERVIEW

Korrekturlesen: Nervenkitzel beim Fehlersuchen

Kein professioneller Corporate-Publishing-Text ohne Experten, die auf Fehlersuche gehen: Irene Mihatsch ist das Ein-Frau-Unternehmen Leselupe, das sich auf das Korrektorat und Lektorat unterschiedlichster Texte und schriftlicher Arbeiten spezialisiert hat. Was die Voraussetzungen sind, um zu korrigieren, warum der Beruf so spannend ist und was der Fluch des Korrekturlesens ist, erzählt unsere Korrektorin im Interview.

Stichwort Ausbildung: Was soll man können beziehungsweise erlernt haben, um sich mit einem Korrektorat/Lektorat selbstständig zu machen?

Irene Mihatsch: Für den Gewerbeschein ist, abgesehen von der Matura, weder ein Studium noch eine spezielle Ausbildung nachzuweisen. Aus Erfahrung kann ich aber sagen, die Begabung allein reicht nicht. Ich selbst habe Sprachwissenschaft und Transkulturelle Kommunikation in Graz studiert, mit den Schwerpunkten Französisch und Gebärdensprache. Vor allem durch das Dolmetschstudium habe ich viel über die deutsche Sprache gelernt und letztendlich dadurch auch den Anstoß bekommen, es mit dem Korrekturlesen zu versuchen. Schon während des Studiums habe ich bei der Kleinen Zeitung als Korrektorin gearbeitet und auch Diplomarbeiten korrigiert.

Lektorat und Korrektorat – was genau ist der Unterschied?

Irene Mihatsch: Der Unterschied liegt darin, dass beim Korrektorat in erster Linie auf Rechtschreibung und Grammatik geachtet wird, das Lektorat umfasst umfangreichere Korrekturarbeiten und befasst sich auch mit Stil und Inhalt. Oft überschneiden sich diese Bereiche aber, da ich, auch wenn ich den Auftrag für ein Korrektorat bekomme, automatisch auch auf inhaltliche Unstimmigkeiten achte.

Wie sieht Ihr Arbeitstag aus?

Irene Mihatsch: Aufstehen, Kaffee trinken und lesen (lacht). Nein, nicht ganz so: Vormittags lese ich für meine Firma, die Leselupe. Die meisten Seiten kommen per Mail als PDF zu mir, seltener, aber doch gibt es auch Korrekturarbeit in Papierform. Am Nachmittag beginnt dann meine Arbeit bei der Zeitung, meistens bin ich damit bis acht Uhr fertig. Bei besonderen Anlässen, wie etwa einer Fußball-WM, kann es aber auch schon mal zwei Uhr nachts werden.

Was lesen Sie gerne, was mögen Sie gar nicht?

Irene Mihatsch: Ich lese für die Zeitung sehr gerne den Sportteil und die Bundesländerseiten, je nach Vorlieben teilen wir die zu korrigierenden Seiten unter uns Kollegen auf. Schwierig sind für mich juristische Arbeiten, das ist eine ganz eigene Sprache, in die man sich erst mühsam einlesen muss. Wenn ich mich für ein bestimmtes Thema nicht geeignet fühle, lehne ich Aufträge auch schon mal ab.

Wo holt sich ein Korrektor in Zweifelsfällen Rat?

Irene Mihatsch: Für die Rechtschreibung arbeite ich mit dem Online-Duden, zusätzlich schaue ich natürlich auch in Bücher. Aus der Duden-Reihe kann ich „Richtiges und gutes Deutsch" empfehlen. Wenn es komplizierter wird, frage ich meine Kolleginnen um Rat und für ganz knifflige Fälle gibt es eine Facebookgruppe, in der man sich Hilfe holen kann. Allerdings kann hier jeder seinen Senf dazugeben und man muss beim Annehmen von Ratschlägen auch kritisch sein. Fehler passieren natürlich. Auch Lektoren und Korrektoren sind nur Menschen. Man ist nie davor gefeit, auch mal einen Fehler zu übersehen, was natürlich – und speziell im Bereich des Lektorats, wo Fehler ja unser Job sind – immer ärgerlich ist.

Stichwort Online-Texte – funktioniert das Korrekturlesen hier anders?

Irene Mihatsch: Oft werden Online-Geschichten aus Zeitgründen gar nicht Korrektur gelesen, der Text muss schnell fertig sein und gleich auf die Website. Durch den Zeitdruck findet man gerade in diesen Texten viele Fehler, was ich persönlich sehr schade finde, denn auch Online-Texte sollten fehlerfrei sein.

Wo liegt die Grenze beim Korrigieren, wo greift man nicht ein?

Irene Mihatsch: Sofern genug Zeit ist, mache ich auch zusätzlich Anmerkungen oder Kommentare, wenn etwas holprig klingt oder nicht verständlich ist. Problematisch wird es manchmal bei Leserbriefen oder Gastkommentaren, die zum Beispiel noch nach alten Rechtschreibregeln verfasst sind oder stilistisch oder inhaltlich fragwürdige Passagen enthalten. Grundsätzlich korrigiere ich, wenn nicht anders gewünscht, nach der neuen Rechtschreibung, stilistische Eigenheiten lasse ich in Gastkommentaren unkorrigiert. Auch das Gendern hat es in sich, bei Gastautorinnen und -autoren belasse ich es meistens so, wie der/die Verfasser/-in es geschrieben hat. Bei Diplomarbeiten ist immer streng geregelt, ob und wie gegendert wird.

Was macht die Arbeit interessant?

Irene Mihatsch: Ich gehe einfach gerne auf Fehlersuche, das klingt jetzt vielleicht seltsam, aber es macht mir wirklich Spaß und ich liebe den Nervenkitzel, in Texten zu suchen, ob da vielleicht etwas falsch geschrieben ist, ob sich ein falsches „dass" oder ein „wiederspiegeln" eingeschlichen haben. Außerdem trage ich gerne dazu bei, ein schönes und fehlerfreies Produkt zu liefern.

Wird überhaupt noch Wert auf fehlerfreie Texte gelegt?

Irene Mihatsch: Leider, glaube ich, ist es für viele Leute unwichtig, ob ihre Texte korrekt sind oder nicht. Für die Rechtschreibung reicht den meisten das Rechtschreibprogramm und damit, glauben sie, kann eh nichts mehr schiefgehen. Stimmt natürlich nicht, wie so manches Plakat (Stichwort: „Ist eh nur ein Satz") zeigt. Gewisse Dinge können nun einmal nur von einem Menschen, im besten Fall einem professionellen Lektor, erkannt werden. Gerade diese scheinbaren Kleinigkeiten zerstören aber den professionellen Eindruck, das positive Bild des Auftritts einer Firma. Neben den Leuten, die Fehler einfach nicht sehen oder denen sie unwichtig sind, gibt es auch solche, die glauben, es besser zu wissen. Es kommen tatsächlich Beschwerden, dass Wörter falsch geschrieben sind – weil bei manchen die neue Rechtschreibung noch nicht angekommen ist.

Können Sie noch unvoreingenommen privat lesen?

Irene Mihatsch: Das ist der Fluch des beruflichen Fehlersuchens: Es ist für mich inzwischen sehr schwierig, ein Buch zu lesen. Einmal, weil ich auch beim privaten Lesen das Fehlersuchen nicht abstellen kann, und zum anderen, weil ich ja den ganzen Tag lese und abends dann oft zu müde bin, um noch aufnahmefähig zu sein. Mir tut das sehr leid, weil ich immer gerne gelesen habe und mir das Lesen sehr fehlt. Gott sei Dank klappt es im Urlaub dann doch und in der Zwischenzeit sind Hörbücher eine gute Alternative. ■

**INTERVIEW MIT
MAG.ᵃ IRENE MIHATSCH, BA**
Lektorin und Texterin. Irene Mihatsch gründete ihr Ein-Personen-Unternehmen Leselupe im Jahre 2011 in Graz.
www.leselupe.at

Foto: Tripenta

BEST OF SOCIAL MEDIA

GASTBEITRAG

Jeder Inhalt ist sozial

Social Media haben sich zu einem Fachgebiet entwickelt – mit dem Berufsbild des Social-Media- oder Community-Managers, mit eigenen Organisationen und Kongressen. In vielen Unternehmen werden Social Media wie ein eigener Informationskanal behandelt.

Social Media sind komplex, deshalb spricht vieles für diese Professionalisierung. Dennoch sind soziale Medien nicht eine eigene Art von Medien. Das Soziale ist zu einer Dimension aller Medien geworden. Die sozialen Medien haben die Macht darüber zu entscheiden, was publiziert wird und wer welche Inhalte wahrnimmt, demokratisiert und sie von den Medienunternehmen und politischen Machthabern an die vernetzten Einzelnen übertragen – was nicht heißt, dass die vernetzten Einzelnen nicht subtil manipuliert werden können.

Die User kontrollieren die Kanäle

Spätestens seit 2000 hat sich das Web zum Social Web verwandelt, in dem sich Menschen miteinander vernetzen, in Dialog miteinander treten, ihre Beziehungen veröffentlichen. Es hat sich eine soziale Schicht um die Inhalte gebildet, die im Web publiziert werden. Social Media sind zum Aggregatzustand der Medien geworden.

Was sind Social-Media-Inhalte?

Im Alltagssprachgebrauch gelten als soziale Medien kommerzielle Plattformen wie Facebook und Twitter, die sich durch charakteristische Gemeinsamkeiten von anderen Angeboten im Netz unterscheiden: 1. Man kann auf ihnen Inhalte bearbeiten und veröffentlichen, und man konsumiert Inhalte auf ihnen. 2. Alle User haben grundsätzlich die gleichen Möglichkeiten, Inhalte zu veröffentlichen. 3. Welche Inhalte ein User sieht, hängt davon ab, welchen Personen oder Organisationen er folgt. Jeder stellt sich

DER AUTOR
HEINZ WITTENBRINK

Lehrender an der FH Joanneum Graz für Journalismus und PR sowie Public Communication; Leiter des Masterstudiengangs Content-Strategie. Blogger und Social-Media-Praktiker. Davor in Agenturen und Verlagen tätig.

www.wittenbrink.net

sein eigenes Angebot an Inhalten zusammen. 4. Man kann mit den Inhalten interagieren, sie zum Beispiel liken, teilen und kommentieren. 5. Die Beziehungen der User der Plattformen und ihre Interaktionen mit den Inhalten und miteinander sind grundsätzlich öffentlich. 6. Über ihre Profile und Beziehungen organisieren sich die User ihre sozialen Netzwerke.

Durch das Netz sind die Möglichkeiten, Inhalte zu publizieren und zu konsumieren, praktisch unendlich geworden. Damit werden die sozialen Medien zu den wichtigsten Informationsfiltern. Die sozialen Netzwerke bestimmen wesentlich darüber mit, wer wann welche Inhalte erhält. Als Gatekeeper für Inhalte und Informationen kann man sie nur mit den Suchmaschinen vergleichbar.

Die Nutzer von Suchmaschinen und sozialen Netzwerken legen über ihre Suchabfragen und durch die Auswahl ihrer Beziehungen fest, welche Inhalte sie an sich heranlassen. Wer Inhalte publiziert, muss gefragt (Suchmaschine) oder empfohlen (Social Media) werden, bevor seine Inhalte überhaupt wahrgenommen werden. In der Welt vor dem Web war es kostspielig und schwierig, Inhalte zu publizieren – die Nachfrage überstieg in der Regel das Angebot. Wer publizierte, fand relativ schnell Aufmerksamkeit. In der digitalen Welt bestimmen die Nachfragenden, mit welchen Inhalten sie sich beschäftigen. Wenn man die immer weniger wichtiger werdenden traditionellen Wege der Informationsverbreitung ausblendet, dann gilt: Wer Inhalte anbietet, findet zu neuen Adressaten nur Zugang, wenn entweder nach den Inhalten gesucht wird, oder wenn sie in einem sozialen Netzwerk weitergegeben werden.

Man kann sich diese Entwicklung leichter vorstellen, wenn man sich überlegt, wie eine Organisation, beispielsweise eine Hochschule wie die Fachhochschule Joanneum in Graz, bisher publiziert hat, und wie sie heute publiziert. Vor dem Internet gab es Kanäle wie die lokalen Zeitungen und Rundfunk- beziehungsweise Fernsehsender. Das mediale Angebot war relativ beschränkt, und wenn man entweder anzeigenfinanziert oder durch Öffentlichkeitsarbeit einen Platz in diesem Angebot fand, konnte man sicher sein, auf ein gewisses Maß an Aufmerksamkeit zu stoßen.

Unternehmenskommunikation bestand zu einem großen Teil darin, seine Inhalte in diesen genannten Kanälen zu platzieren. Für die Online-Inhalte der Fachhochschule gelten andere Regeln. Zwar gibt es nahezu unbegrenzte Möglichkeiten zu publizieren – man muss nicht mehr auf den begrenzten und umkämpften Platz auf Zeitungsseiten oder auf Sendezeiten Rücksicht nehmen –, aber kein Inhalt wird wahrgenommen, nur weil er im Netz steht.

Wahrgenommen werden nahezu ausschließlich nur jene Inhalte, die über eine Suchmaschine gefunden werden, oder die im Netz weiterempfohlen werden – und diejenigen, die dann von interessierten Usern abonniert werden. Wer für die Kommunikation eines Unternehmens wie der Fachhochschule verantwortlich ist, muss also sicherstellen, dass die Inhalte der Hochschule gefunden werden, und dass sie von den verschiedenen Communitys im Netz auf alle Fälle weiterempfohlen werden.

Der Königsweg zu den Adressaten: Relevanz

Der Königsweg zum Adressaten im Netz ist relevanter Inhalt (Mathewson, J., Donatone, F. & Fishel, C.: Zum Konzept der Relevanz bei Suchmaschinen und im Content Marketing, IBM Press, 2010). Was relevanter Inhalt ist, bestimmen die User – durch ihre Suchanfragen und durch die Interaktionen in sozialen Netzwerken. Inhalte webgerecht produzieren heißt: sich nicht als Publizist zu verstehen, der einer Zielgruppe eine Botschaft kommuniziert, sondern seine Inhalte so zu gestalten, wie die Adressaten und Communitys sie erwarten.

Relevant ist der Inhalt eines Unternehmens zum einen, wenn Fragen von Usern beantwortet werden – das versuchen Suchmaschinen sicherzustellen. Relevant ist er zum anderen durch die Beziehungen zwischen Unternehmen, Inhalt und Adressaten. Die Qualität dieser Beziehungen drückt sich in den sozialen Medien aus. Ohne diese Beziehungen sind Inhalte nur archivierte Publikationen.

Google wie Facebook entwickeln sich immer mehr in die Richtung einer genauen, teilautomatisierten Prüfung der Relevanz von Inhaltsangeboten. Facebook analysiert genau wie Google, ob User tatsächlich auf Links klicken, die in einem Posting angeboten werden, und ob sie auf den entsprechenden Seiten bleiben. Wie bei Google spielen auch bei Facebook menschliche Tester inzwischen eine große Rolle.

Die Kriterien der Relevanz sind aber in sozialen Medien andere als bei Google (Roth, P.: Der Facebook Newsfeed Algorithmus, allfacebook.de, 24.8.2017). Etwas übertrieben gesagt: Um Inhalte zu produzieren, die man gut über Suchmaschinen findet, braucht man etwas von den Tugenden der Redakteure von Nachschlagewerken und Lexika. Um Social-Media-Inhalte zu produzieren, braucht man eher die Fähigkeiten von Journalisten, und was die aktuelle Social-Media-Kommunikation angeht, vielleicht sogar die Fähigkeiten von Radiojournalisten. Ideal ist es, wenn beides miteinander verbunden werden kann.

Relevanz durch Nähe

Die wichtigste Eigenschaft von sozialen Medien: In ihnen zeigt sich, mit welchen Menschen ein Unternehmen zu tun hat. In den sozialen Medien artikulieren die Nutzer ihre Bedürfnisse und Erwartungen. Als Firma kann man die Bedürfnisse hier nicht nur aus Suchabfragen erschließen, sondern man kann eine Beziehung zu seinen Nutzern aufbauen und in Dialog mit ihnen treten.

In sozialen Medien definieren sich die Teilnehmer durch ihre Profile. Damit Ihre Inhalte überhaupt wahrgenommen werden, müssen User sie abonnieren. Sie erreichen nur die User, die Ihre Inhalte mit ihrem persönlichen Profil verbinden, indem sie zum Beispiel Ihre Facebook-Seite liken. Wenn Sie diese Zahl künstlich vergrößern, etwa indem Sie die Zahl Ihrer Fans durch Gewinnspiele herauftreiben, dann sorgen die Algorithmen der Netzwerkbetreiber und möglicherweise auch der Unmut der unfreiwilligen Adressaten dafür, dass Sie schnell unter die Wahrnehmungsschwelle für Inhalte fallen. Bei Social Media sind Sie am erfolgreichsten, wenn Ihre Inhalte genau zu ganz bestimmten Interessen und demografischen Eigenschaften passen. Hier gilt das Prinzip des long tail: Das Internet ist ein Medium, in dem man oft mehr Erfolg mit vielen kleinen Zielgruppen als mit einer großen unbestimmten Zielgruppe hat (Scott, D. M.: Die neuen Marketing- und PR-Regeln im Social Web, Verlagsgruppe Hüthig, Jehle, Rehm, 2014). Wenn Sie diese Gruppen tatsächlich erreichen, dann ist es auch sinnvoll, durch Anzeigen, zum Beispiel durch sponsored posts, Ihre Reichweite und die Frequenz der Views zu erhöhen.

In sozialen Medien kommunizieren Menschen miteinander, die ihre persönliche Identität zeigen. Sie erwarten auch von einer Firma, dass dort Menschen als authentische Personen auftreten. Aus diesem Grunde sind die Influencer in sozialen Medien so wichtig: Sie stehen mit ihrer persönlichen Glaubwürdigkeit für eine Botschaft ein und machen sie eben dadurch relevant. Deshalb ist es wichtig, dass Sie in sozialen Medien persönlich kommunizieren, was nicht unbedingt heißen muss, dass man Privates offenbart. Man muss als Mensch auch mit Eigenschaften, die über das angebotene Produkt oder die Funktion in einem Unternehmen hinausgehen, anwesend sein.

Umgekehrt erreichen Sie mit sozialen Medien Menschen, über die Sie sehr viel mehr wissen als über die Nutzer anderer Medien, und die sich persönlich dafür entschieden haben, sich mit Ihren Inhalten zu beschäftigen. Im Vergleich zu allen älteren Medien war die Chance, User entsprechend ihren persönlichen Interessen zu erreichen, nie so groß.

Eines von vielen Beispielen: die Facebook-Posts der Küchenbedarfsfirma Zwilling (facebook.com/zwilling.deutschland). Hier werden Rezepte und Tipps, beispielsweise zu Messern oder anderen Küchengeräten, weitergegeben, die für die Special-Interest-Gruppe der engagierten Hobbyköche interessant sind.

Relevanz durch Communitys

Die User sozialer Medien sind nicht nur als Personen mit bestimmten Vorlieben aktiv, sondern als Angehörige von Gruppen und Netzwerken. Social-Media-Inhalte dienen der kontinuierlichen Kommunikation mit einer Community. Die sozialen Beziehungen, die nicht nur widergespiegelt werden, sondern auf diesen Plattformen stattfinden, machen die eigentliche Besonderheit der sozialen Medien aus (Adams, P.: Grouped: how small groups of friends are the key to influence on the social web. New Riders, 2012 – Social Design Principles, www.slideshare.net).

Inhaltlich sind Social Media so vielfältig wie die Themen von menschlichen Communitys. Aber allen diesen Inhalten gemeinsam ist, dass sie über Gruppen und Netzwerke ausgetauscht werden. Der Wert eines Inhalts für den einzelnen Teilnehmer der Kommunikation ist an den Wert für die Kommunikation innerhalb des Netzwerks gebunden. Die Inhalte werden durch diese Netzwerke und für diese Netzwerke bewertet.

Durch die Zugehörigkeit zu Gruppen und Netzwerken, auch durch die Teilnahme an unterschiedlichen Netzwerken zu unterschiedlichen Zeiten, definieren die Teilnehmer ihre eigene soziale

Identität. Social-Media-Inhalte erreichen kein Durchschnittspublikum, sondern Menschen in Netzwerken, die durch diese Inhalte bestätigt werden.

Dabei gibt es in der Struktur dieser sozialen Gesamtheiten große Unterschiede – von der geschlossenen Gruppe bis zur offenen Vernetzung. Wichtige Typen von Online-Communitys sind Fan-Communitys, Fach-Communitys, Selbsthilfegruppen, lokale Communitys und Freundesnetzwerke.

Die Gruppenzugehörigkeit ist oft hochselektiv – wir sehen das gerade in Österreich daran, dass sich die Netzwerke von liberalen, städtischen Gebildeten auf der einen Seite und von FPÖ-Wählern auf der anderen Seite kaum überlappen.

Wenn Sie als Unternehmen auf sozialen Medien aktiv sind, dann müssen Ihre Inhalte soziale Interaktion unterstützen. Sie müssen Kommunikation provozieren und Verbindungen herstellen, und Sie müssen die Benutzer dazu einladen, sich mit ihnen zu identifizieren.

Ein Unternehmen ist in den sozialen Medien wie alle andere Teilnehmer auf Reputation angewiesen. Man schafft sich eine Community und man braucht dazu Inhalte, die von dieser Community geschätzt werden. Die Frage, wie sinnvoll Social Media für Unternehmen sind, hängt eng mit der Frage zusammen, wie groß die Chancen sind, sich eine dauerhafte Reputation im sozialen Web aufzubauen und welche geschäftlichen Möglichkeiten sich aus dieser Reputation ergeben.

Relevanz durch Aktualität

Ihre Posts erscheinen einmal oder nur selten in der Timeline Ihrer Abonnenten. Die Lebensdauer ist je nach Plattform unterschiedlich lang – aber die meisten Posts werden schon nach kurzer Zeit nicht mehr gesehen. Sie müssen also Ihre Zielgruppe im richtigen Moment erreichen.

Social-Media-Konversation findet tendenziell in Echtzeit statt. Inhaltsformate, die unmittelbare Reaktionen erlauben, sind deshalb besonders erfolgreich. Wenn die User Informationen von Ihnen als Erstes oder nur von Ihnen erhalten, werden Sie sich mehr für Sie interessieren. Auch durch die Beteiligung an aktuellen Diskussionen erhöhen Sie das Interesse.

Zum zeitlichen Kontext gehören Ereignisse und Jahreszeiten. Die Firma mymuesli wird von Facebook wegen einer Livestreaming-Sendung mit einem Adventskalender unter den Best-Practice-Beispielen genannt (mymuesli: Facebook ads case study. facebook.com/business/success/mymuesli, 24.8.2017). Hier werden der Live-Charakter und die Beziehung zur Jahreszeit miteinander verbunden, unterstützt durch Werbung, die gleichzeitig geschaltet wurde und viele User zur Teilnahme an den Live-Sendungen bewegte.

Braucht man für Social Media eigene Inhalte?

Noch immer gibt es Unternehmen, deren Social-Media-Inhalte mit den Inhalten auf der Website oder auch in den verschiedenen Printmedien nur wenig zu tun haben. Es gibt viele Beispiele dafür, dass Social-Media-Kampagnen mit solchen extra dafür hergestellten Inhalten erfolgreich sind. Allerdings werden dabei die Potenziale nicht voll genutzt. Statt die Inhalte zu optimieren, die es im Unternehmen gibt, werden separate Inhalte produziert. Das ist nicht nur unökonomisch. Man nutzt eine der entscheidenden Stärken von Social Media nicht aus: den direkten Kontakt mit den Adressaten. Wer Social Media nicht dafür benutzt, auf den eigentlichen Kompetenzfeldern eines Unternehmens mit seinen Bezugsgruppen zu kommunizieren, verzichtet auf nicht ersetzbare Feedback- und Entwicklungsmöglichkeiten.

Wenn man Inhalte eigens für Social Media produziert, versteht man Inhalte als etwas Sekundäres, das zu den eigentlichen Leistungen eines Geschäfts nur hinzukommt. Dieses Verständnis von Inhalten wird der Bedeutung, die Inhalte und Wissen im Web haben, nicht gerecht. Erfolgreiche Online-Unternehmen verbinden Inhalt mit ihrem Kernangebot. Das Konzept der Begegnung und des Austauschs mit normalen Menschen ist zum Beispiel von den Angeboten eines digitalen Unternehmens wie Airbnb nicht zu lösen. Mit einer wirksamen Unterstützung durch das Unternehmen schaffen dort User Inhalte wie die Beschreibungen und die Bewertungen von Quartieren. Ohne diese Inhalte und ihre Bewertungen wäre Airbnb uninteressant.

Mit dem Siegeszug des Content Marketings sind immer mehr Firmen dazu übergegangen, sich einen Content Hub (Melnik, V.: Content Hub: Die Unternehmenspräsenz der Zukunft, chimpify.de/marketing/content-hub, 24.8.2017) oder auch ein Content-Netzwerk (Eichmeier, D.: 5 Antworten :: Social Media & Content Strategie, www.doschu.com/2012/03/5-antworten-social-media-content-strategie, 10.8.2017) aufzubauen, das heißt: systematisch redaktionelle Inhalte zu entwickeln. Diese Maßnahmen können sehr erfolgreich sein. Sie ermöglichen es, in den sozialen Medien mit eigenen und qualitätsvollen Inhalten zu arbeiten, über die andere nicht verfügen. Sie bieten darüber hinaus aber auch den Vorteil, dass diese Inhalte dem Unternehmen selbst gehören und auf eigenen Plattformen gehostet werden, sodass man damit also nicht von Facebook oder anderen proprietären Plattformen abhängig ist.

Content, Social Media und Suchmaschinenoptimierung: eine integrierte Strategie

Ob Sie mit sozialen Medien oder überhaupt mit Maßnahmen der Online-Kommunikation oder des Online Marketings Erfolg haben, hängt von sehr unterschiedlichen Faktoren ab. Es lassen sich dafür keine Patentrezepte geben. Man muss die besondere Situation jedes Unternehmens analysieren und überlegen, was die richtigen Maßnahmen sind. Social-Media-Maßnahmen verlangen Engagement, einen genauen Plan und laufende Kontrolle der Ergebnisse. Generell darüber zu sprechen, ob Social Media als solche sinnvoll sind – oder wie es immer noch oft heißt, ob wir auch auf Facebook gehen sollen –, ist sinnlos.

So wie sich Suchmaschinenoptimierung in vielen Unternehmen durchgesetzt hat, sollte auch die Social-Media-Orientierung selbstverständlich werden. Sie sorgt dafür, dass die eigene

Online-Präsenz sich an den Communitys orientiert, die die Inhalte brauchen, und dass man den Schwung, den die sozialen Medien Inhalten verleihen können, optimal nutzt. Dazu gehört es, dass sich soziale Medien und Online-Inhalte optimal wechselseitig unterstützen.

Wie soziale Medien wirken und was man mit ihnen erreicht, hängt von der digitalen Strategie eines Unternehmens ab. Wenn ein Unternehmen entsprechend dem digitalen Business das Wissen seiner Mitarbeiter in Dienstleistungen verwandelt, dann bilden Social Media einen natürlichen Kanal dafür. Ein Unternehmen, das nichtdigitale Produkte über nichtdigitale Vertriebswege verkauft und damit ein gutes Geschäft macht, wird mit sozialen Medien nur sehr wenig Erfolg haben, weil die Zielgruppen nicht in erster Linie über diese Medien angesprochen werden und die Unternehmenskultur den sozialen Medien nicht entspricht.

Relevanz durch Communitys

Das Netz hat verändert, was die User als Inhalt verstehen. Der Inhalt ist Teil einer aktuellen und möglicherweise in Echtzeit stattfindenden Beziehung. Unternehmensinhalte sind Teil der Beziehung eines Unternehmens zu seinen Adressaten. Das Social Web ist der Online-Raum für diese Beziehungen.

Content ist für Unternehmen eine Herausforderung: mit enormen Chancen verbunden und zugleich ein Thema, das gewohnte Abläufe im Unternehmen sprengt. Digitaler Content lässt diese Herausforderung noch größer werden, weil er anders funktioniert, als wir es von den vordigitalen Medien kennen. Auch für Content-Fachleute ist es nicht leicht, den verschiedenen Aspekten digitaler Inhalte gerecht zu werden.

Der beste Rat, den man Unternehmen geben kann, ist: statt nach Patentrezepten zu fragen, so authentisch wie möglich mit Kunden und Bezugsgruppen zu kommunizieren und mit ihnen gemeinsam herauszufinden, welche Inhalte sie von einem Unternehmen wollen. Benutzen Sie die sozialen Medien als Chance, Ihre Kunden an der Entwicklung Ihrer Inhalte zu beteiligen! ∎

INTERVIEW

Social Media: Schlechte Witze und der richtige Schmäh

Es darf gelacht werden: Der Facebook-Auftritt der Büchereien Wien ist witzig, frech, provokant und widerspricht jedem angestaubten Bibliotheksklischee. Wir haben die Verantwortliche für Medienarbeit und Website, Monika Reitprecht, gefragt, wo für Sie der Spaß aufhört und wie viel Persönliches in den Postings steckt.

Wer postet für die Wiener Büchereien? Schreiben Sie alleine oder arbeitet ein Team an den Facebook-Beiträgen?

Monika Reitprecht: Im Prinzip schreibe ich alleine. Initiiert wurde unser FB-Auftritt im Juli 2009 von meiner Kollegin Katharina Bergmayr, die ihn in den ersten Monaten auch betreut hat, dann haben wir es eine Zeit lang zu zweit gemacht. Wenn ich auf Urlaub oder krank bin, ist sie nach wie vor meine Vertretung. Twitter betreuen wir zu zweit.

Gibt es Grenzen, die Sie nicht überschreiten würden, oder anders gefragt: Wo hören Frechheit und Spaß auf?

Monika Reitprecht: Ich bin überzeugt, dass die Welt ein besserer Ort wäre, wenn wir uns alle nicht so ernst nehmen würden. Ein bisschen Selbstironie hat noch niemandem geschadet; und wenn die Ironie nicht von selbst kommt, helfe ich auch gerne nach. Aber natürlich will ich niemanden beleidigen oder kränken. Kunden – und die stellen schließlich das Gros unserer Facebook-Fangemeinde – den Eindruck zu vermitteln, sie oder ihre Anliegen würden nicht respektiert, geht gar nicht. Prinzipiell denke ich, dass man fast allen Themen humoristische Seiten abgewinnen kann – aber die Betonung liegt auf „fast". Katastrophen zum Anlass für einen Witz zu nehmen, macht die Katastrophe meist nicht lustiger, sondern den Witz schlechter.

Wie viel Persönliches muss oder darf man aus Ihrer Sicht in Social-Media-Auftritten zeigen?

Monika Reitprecht: Man muss nicht zwingend Persönliches preisgeben – solange man zumindest durch seinen Schreibstil zu erkennen gibt, dass hier ein Mensch aus Fleisch und Blut und nicht eine gesichtslose Institution bzw. Werbemaschinerie postet. Dieser Umstand wird allerdings wesentlich glaubwürdiger, wenn man Persönliches einfließen lässt. Aber auch wenn der Post über die Zusammensetzung des heutigen Frühstücks mehr Aufmerksamkeit erfährt als der über die tollen neuen Datenbanken, sollte dabei ein gewisser Bezug zum eigentlichen Thema gewahrt bleiben. Das gilt umso mehr, wenn die Präsenz in sozialen Netzwerken der einzige oder primäre Kommunikationskanal ist (de facto bei Bibliotheken kaum der Fall).

> „Die Chefin erinnert mich an meinen letzten Riesling. Etwas streng im Abgang."

Gibt es für Sie und Ihre Kollegen Vorgaben oder Einschränkungen – oder dürfen Sie nach Lust und Laune ganz frei schreiben?

Monika Reitprecht: Unsere Leitung vertraut auf unser diesbezügliches Fingerspitzengefühl, Vorgaben und Einschränkungen gibt es im Prinzip keine.

Wie schaut es mit dem Feedback der Leserschaft und der Vorgesetzten aus? Gibt es gelegentlich auch „ernste Gespräche" mit Vorgesetzten? Zum Beispiel wenn Sie posten: „Die Chefin erinnert mich an meinen letzten Riesling. Etwas streng im Abgang."

Monika Reitprecht: Das Feedback der Leserschaft ist durchwegs positiv. Natürlich melden sich fallweise Leser, die ein bestimmtes Posting oder den Auftritt im Gesamten nicht lustig oder für eine Bibliothek zu „unseriös" finden, aber bis jetzt kam das wirklich nicht oft vor. Ich kann mich auch an kein „ernstes" Gespräch über unsere Social-Media-Aktivitäten mit meinen Vorgesetzten erinnern – und ich glaube nicht, dass das an meinem zugegebenermaßen lückenhaften Gedächtnis liegt.

Woher kommt die Inspiration?

Monika Reitprecht: Stetiger und hoffentlich nie versiegender Quell der Inspiration ist der Kontakt zu Menschen – zu Kollegen, vor allem aber zu Kunden. Ich selbst bin ja leider nur mehr in Ausnahmefällen im Kundendienst tätig – aber dann weiß ich das auch zu nutzen. Ich habe schon einen bestimmten Blick auf bibliothekarische Alltagssituationen kultiviert – ich betrachte sie mittlerweile vor allem unter dem Gesichtspunkt ihrer Verwertbarkeit in sozialen Medien ...

> „Konsensuale Postings sind ja auch ziemlich fad, ein bisschen gestritten darf schon werden."

Gibt es Postings, die Sie – rückblickend betrachtet – besser nicht veröffentlicht hätten? Haben Sie schon jemanden mit Postings gekränkt oder verärgert? Wenn ja, wie geht man damit um, wenn man über das Ziel hinausgeschossen ist?

Monika Reitprecht: Rückblickend betrachtet nicht – die Erinnerung verklärt ja bekanntlich vieles. Kurzzeitig habe ich den Coelho-Speibsackerl-Tweet etwas bereut, mich hat überrascht, dass das so hohe Wellen geschlagen hat. Ich finde den Tweet noch immer lustig und er hat uns viel gebracht (mediale Aufmerksamkeit, Follower, Fans). Persönliche Kränkung ist mir nicht bekannt, das versuche ich ja tunlichst zu vermeiden. Es hat sich auch noch nie jemand gemeldet, der sich in einer der (klarerweise anonymisierten) Anekdoten wiedererkannt hat. Ein allgemeiner Ärger wird schon hin und wieder vorkommen – spätestens ab einer gewissen Anzahl von Fans kann man es halt auch nicht allen recht machen. Und lauter voll konsensuale Postings sind ja auch ziemlich fad, ein bisschen gestritten darf schon werden – eine Bibliothek ist schließlich ein Ort der intellektuellen Auseinandersetzung. Wenn man übers Ziel hinausgeschossen ist, kann man sich natürlich nur entschuldigen und den Fehler eingestehen.

Wer sind Ihre Vorbilder in Sachen Humor? Worüber können Sie selbst lachen?

Monika Reitprecht: Ich bin ein großer Fan des britischen Humors – mit Monty Python's Flying Circus bin ich praktisch aufgewachsen. Obwohl es für eine Pubertierende nur bedingt lustig ist, wenn die Eltern beim gemeinsamen Spaziergang das „Ministerium für alberne Gänge" nachstellen. Und Karl Valentin ist natürlich ganz groß. Aber die beiden als meine Vorbilder zu nennen, wäre wahnhaft.

Ist freches, witziges Posten „erlernbar", gibt es Tipps und Tricks – oder ist es eine Begabung, ein besonderes Talent? Wird man im Laufe der Zeit frecher, traut man sich mehr?

Monika Reitprecht: Die erste Frage kann ich mit einem klaren Jein beantworten. Sicher kann man lernen, dass Posts anders geschrieben werden müssen als Presseaussendungen. Und man kann einen bestimmten Sinn für Humor auch kultivieren – aber zumindest in Ansätzen muss er schon vorhanden sein, würde ich meinen. Wir waren anfangs auch noch recht brav – zuerst probiert man halt ein bisschen, was geht, und vor allem, was kommt an; da der Erfolg uns recht gab, sind wir dann rasch mutiger geworden.

„**Nach dem Spaß kommt noch mehr Spaß – hoffentlich!**"

Wohin, glauben Sie, entwickeln sich die Social-Media-Auftritte und Postings in Zukunft? Was kommt nach dem Spaß?

Monika Reitprecht: Noch mehr Spaß, hoffentlich. Ernsthaft: Ich glaube, flüchtig ist nur das Werkzeug, die Prinzipien erfolgreicher Nutzung von sozialen Medien bleiben diese.ben. Unterhalten werden wollen die Leute immer.

Was ist/war Ihr persönliches Lieblingsposting (inklusive Kommentaren)?

Monika Reitprecht: Vielleicht das: „Bei uns wird jede(r), die/der ‚50 Shades of Grey' ausborgen will, ausgepeitscht. Viel besser als das Buch."

Ist eine derart humorvolle Kommunikationsstrategie für jede Firma/Institution geeignet oder gibt es Bereiche oder Branchen, in denen es Ihrer Meinung nach grundsätzlich gar nicht funktionieren kann?

Monika Reitprecht: Ein bisschen Humor oder zumindest Selbstironie halte ich in fast allen Bereichen für möglich. Aber Branchen und Institutionen, deren Glaubwürdigkeit von ihrer Seriosität und Verlässlichkeit abhängt, sollten ihren Witz sicher sparsam dosieren – ich denke jetzt zum Beispiel an Spitäler, Banken, Versicherungen. „Auch wir sind ganz im Fußball-EM-Fieber – zum Glück ist unser Gehirnchirurg multitaskingfähig" kommt wahrscheinlich nicht so gut. ∎

INTERVIEW MIT
MAG.ᵃ MONIKA REITPRECHT

Studium der Geschichte und Politikwissenschaft. Bibliothekarin bei den Büchereien Wien und verantwortlich für Website und Social Media. Ihr Buch „Wo stehen hier die E-Books?" erschien 2015 im Milena-Verlag. **facebook.com/buechereien.wien**

Foto: Peter Hörschelmann

Hilfe, mein Content ist nicht für Social Media geeignet!

Ihr Content rund um Ihr Produkt scheint Ihnen zu „spröde" für Social Media? Keine Sorge, es lässt sich beinahe alles Social-Media-tauglich machen. Gewusst, wie!

Sie wollen mehr Präsenz auf den Social-Media-Plattformen? Sie meinen, Ihre Firma oder Ihr Produkt ist dafür nicht geeignet? Sie haben keine Geschichten zu erzählen? Das glauben wir Ihnen nun wirklich nicht. Dürfen wir Sie vom Gegenteil überzeugen?

Nun ja, natürlich sind „gute", weil emotionale, spannende Themen eine sichere Bank für Aufmerksamkeit in Social Media. Aber Ihr Thema kann noch so „sexy" sein, es wird nicht zünden, wenn Sie nicht die richtige Form dafür finden. Dazu möchten wir Ihnen ein paar handfeste Tipps mit auf den Weg geben.

Aktiv werden – packen wir's an!

Internet lebt von, mit und durch die Interaktivität. Und besonders Social Media leben davon, dass sich Menschen hier virtuell treffen, sich kennenlernen, sich austauschen, im besten Fall voneinander lernen, sich manchmal streiten oder gar beflegeln ... Ja, Sie und wir alle kennen die ganze Bandbreite zur Genüge! Im Internet ist kaum jemand ausschließlich darauf eingestellt, passiv zu konsumieren, denn wir haben die Möglichkeit, aktiv zu werden, und wenn ein Anreiz dafür besteht, schreiten wir zur Tat und mischen uns ein, werden wir tätig und handeln. Doch wie könnte so ein Anreiz aussehen?

Gewinnspiele

Diese sind allen bestens bekannt, sicher haben Sie als User bereits mitgespielt, sind aufgrund eines attraktiven Preises tätig geworden und haben auf Ihr Glück gehofft, vielleicht sogar schon einmal gewonnen. Wenn Sie mit Ihrem Produkt oder rund um Ihr (Produkt-)Angebot ein Gewinnspiel anbieten können, dann legen Sie los. Dieser Anreiz ist ein starker!

Umfragen

Wenn wir am Telefon zu einem Thema befragt werden, dann nervt diese Tatsache ganz fürchterlich. Meist kommt so ein Anruf absolut zur falschen Zeit: bei der Arbeit, wo wir nicht gestört werden wollen, oder in der Freizeit, wo wir auch nicht gestört werden wollen! Anders verhält es sich im Internet: Wir steigen ein, surfen zu einer Seite, die uns interessiert, beziehungsweise sehen den neuen Post einer Seite und werden höflich um unsere Meinung gefragt. Warum nicht einen kurzen Fragebogen (unbedingt einen kurzen!) ausfüllen? Vielleicht winkt für die Mühe sogar ein kleiner Preis.

Wettbewerbe

Wir sind die Größten! Die meisten Menschen lieben Wettbewerbe und wollen diese Behauptung unbedingt für sich beanspruchen – schließlich lieben wir auch Superlative! Sich zu messen, liegt in unserer Natur (angeblich vor allem in der männlichen, aber für solcherlei Spekulationen ist hier kein Platz). Schreiben Sie einen kleinen Wettbewerb aus und verlosen Sie dazu einen kleinen Preis. Ein Ranking UND eine Belohnung – hier kann wohl nichts mehr schiefgehen.

Quiz

Bei Quizfragen, deren Beantwortung interessante Facts offenlegen, fahren Sie bereits auf der Siegerstraße. Ein Quiz kann man natürlich zu einem Wettbewerb machen beziehungsweise mit einem verbinden – und nicht vergessen: Preise.

Kundenposts

Bitten Sie Kunden, Ihre Vorzüge in Posts auf Ihrer Social-Media-Plattform zu schildern. Sie sind glaubwürdig, persönlich und die wichtigste, weil stärkste Werbung überhaupt, nämlich: die gute alte Mundpropaganda!

Fans fragen

Fragen Sie ganz direkt Ihre Community nach Ideen und Meinungen zu Ihrem Angebot und/oder Ihren Produkten. So demonstrieren Sie nicht nur Offenheit, sondern kommen möglicherweise auch in den Genuss der Schwarm-Intelligenz und bekommen brauchbare, frische Ideen.

Geschichten hinter den Kulissen

Über Geschehnisse, die im Normalfall „versteckt" passieren, lassen sich wunderbar Geschichten erzählen, und wenig anderes erregt so sehr unsere Aufmerksamkeit. Erzählen Sie die Geschichten, die hinter Ihren Produkten stehen, zum Beispiel, wie Produkte entstehen. Wer mehr von diesen Prozessen erfährt, kommt nicht nur dem Produkt näher, sondern auch den Menschen, die diese herstellen. Wenn Sie selbst das nicht spannend genug finden oder der nötige Abstand fehlt, dann holen Sie sich jemanden aus der Community, der den Prozess begleitet und entsprechend beschreibt, oder gleich einen Profi, der das „Making-of" journalistisch in passende und vor allem spannende Worte kleidet.

Anekdoten

Jede Firma/jedes Produkt hat eine Geschichte. Und rund um die Entstehung gibt es sicherlich Anekdoten und Gschichterln zu erzählen. Vielleicht sind sie witzig, zeigen Ihre Firma von einer menschlichen Seite oder vielleicht sind diese richtig imposant, weil Ihr Unternehmen eine lange Tradition fortführt und bereits Generationen dazu etwas zu erzählen haben. Verschweigen Sie diese Juwelen nicht!

Mitarbeiterbeiträge

Wie fühlt sich der Bäckerlehrling, wenn er täglich so unglaublich früh aus den Federn muss? Wie stopfen Webdesigner kreative Zeitlöcher und wie viel Liter Kaffee trinken wir insgesamt bei der Produktion eines Kundenmagazins? Lassen Sie Ihre Mitarbeiter aus dem Nähkästchen erzählen, sie werden die Community zum Staunen oder Lächeln bringen und Ihre Firma macht sofort einen sympathischen Eindruck.

Persönlich = Persönlichkeit

Posten Sie auch als Firmenleiter eine Gegebenheit aus Ihrem (Arbeits-)Alltag oder ein Zitat, das Sie vielleicht gerade heute bewegt und antreibt. Lassen Sie sich dadurch in die Karten schauen und Sie gewinnen das Vertrauen der Community. Und nie dabei vergessen: Mit Humor lässt sich nicht nur der Alltag leichter bewältigen, sondern auch der nächste Social-Media-Eintrag – die User werden begeistert sein.

Informationen Social-Media-tauglich machen

Nicht alles muss trallala und superwitzig unterhaltend sein, wenn man es auf Social Media posten will. Selbstverständlich wollen Sie auch Ihre handfesten Infos unterbringen, aber trotzdem nicht trocken wie die Wüste Gobi rüberkommen. Der nächste „Und-tschüss-Klick" ist immer sehr nah, und unser Zeigefinger lauert bereits der nächsten Langeweile-Zehntelsekunde auf. Haben Sie aber keine Angst davor, denn Leser wollen online nicht nur spielen, sondern auch etwas lernen. Zehntausende Tutorials und „How to dos" beweisen das!

DIY-Ideen

Was auf die Social-Media-Postingliste jedes Gartencenters gehört: Do-it-yourself-Tipps fürs Tomatenziehen am Balkon. Supermarktkette: DIY-Frühstücksrezepte. Bäckerei: Brotrezept. Keine Sorge, Sie werden trotzdem mehr Brot denn je verkaufen. Geizen Sie nicht mit Ihrem Wissen, sondern überzeugen Sie genau damit!

Produktinfos

Keine Angst davor, Produktinfos zu posten beziehungsweise darauf zu verlinken. Das ist umsichtig, weil sich immer mehr Menschen vor dem Einkauf bereits online sehr umfassend informieren. Umso besser, wenn Sie diese Inhalte leicht zugänglich liefern, so zeigen Sie Kompetenz und Kundenorientierung. Wenn dann noch der Link zu einem atemberaubenden Youtube-Video dabei ist, kann nichts mehr schiefgehen.

Experten

Jeder kennt haufenweise die selbst ernannten, wir sind sozusagen umzingelt von ihnen. Dann beim Einkauf: Wer kennt nicht den Moment, in dem ein Verkäufer im Fachmarkt die Gebrauchsanweisung vor unseren Augen auspackt und beginnt, daraus zu zitieren.
Danke vielmals, ich kann selbst lesen!
Umso schöner, wenn man einmal das Gefühl hat, dass ein echter Experte vor uns sitzt und uns wirklich kompetent berät. Wenn Sie das Unternehmen sind, das unsere Welt ein bisschen weniger kompliziert macht, indem man die wahren Profis vor den Vorhang holt, dann zieht man respektvoll den Hut vor Ihnen.

Mitarbeiter

Hier schlägt man gleich mehrere Fliegen mit einer Klatsche: Die Mitarbeiter erzählen nicht nur Geschichten. Sie können auf Social Media einen Blick hinter die Kulissen bieten, können einen „How to do"-Content für die Kundschaft kreieren UND sich außerdem als Profis auf ihrem Gebiet und in Ihrem Unternehmen präsentieren. Großartig! Ihre Firma wird durch sie persönlich, sympathisch (nehmen wir mal den Optimalfall an ;-)), authentisch und kompetent vertreten und damit wird ein positives Image aufgebaut und gestärkt.

Wir wünschen Ihnen weiterhin viel Spaß beim Posten, Posten, Posten ...! ■

INTERVIEW

Wenn die Wogen hochgehen: Was passiert mit Kritik im Social Web?

Wer auf die Vorteile von Facebook, Twitter und Co setzt, um mit Kunden zu kommunizieren, ist auch Kritik ausgesetzt. Der Sturm der Entrüstung kann einem manchmal heftig um die Ohren wehen und kräftig ins Gesicht blasen. Wie sich die Wogen wieder glätten, wie man am besten auf Kritik reagiert und welchen Sinn ein Krisenplan macht, wollen wir von Michael Wildling wissen.

Was sind die häufigsten Auslöser von Empörung, wie entsteht eine „Empörungswelle"? Worauf reagieren die Menschen besonders sensibel?

Michael Wildling: Gerade Social-Media-Krisen zeichnen sich durch ihren individuellen Verlauf aus. Das heißt, sie sind oft nur sehr schwer miteinander vergleichbar und müssen im Einzelfall betrachtet werden. In der Regel haben aber auch Empörungswellen im Social Web ihren Ursprung im Offline-Verhalten des Unternehmens. Empirische Studien haben beispielsweise ergeben, dass für mehr als die Hälfte der Online-Krisen zwei wesentliche Auslöserszenarien verantwortlich waren: entweder eine negative Kundenerfahrung mit dem Produkt beziehungsweise dem Service oder andererseits unethisches oder unmoralisches Verhalten des Unternehmens.

Kann und soll man Vorkehrungen treffen, also quasi einen Krisenplan haben, um im Fall des Falles gut gerüstet der Kritik gegenübertreten zu können? Können ein Verhaltenskodex, eine Netiquette hilfreich sein?

Michael Wildling: Prävention ist das beste Krisenmanagement. Das gilt nicht nur bei Offline-, sondern noch viel mehr bei Online-Krisen. Viele potenzielle Krisen lassen sich bei entsprechender Vorbereitung noch vor deren Ausbruch im Keim ersticken. Aber auch wenn die Krise tatsächlich akut wird, ist eine gute Vorbereitung unersetzlich. Gerade im Social Web gilt es, schnell und vor allem richtig zu reagieren. Gerade dann ist es mehr als nur nützlich, wenn man Sprachregelungen, Tonalität, etc. in der Hinterhand hat und nicht erst durch mühsame Freigabemechanismen gehen muss. Zusätzlich sollten wesentliche Abstimmungsprozesse schon im Vorfeld definiert sein, damit im Krisenfall effizient gehandelt werden kann. Ein Verhaltenskodex oder eine Netiquette können im Umgang mit kritischen Postings Leitlinien vorgeben. Eine Krisen-Kommunikationsstrategie können sie aber nicht ersetzen.

Ganz wichtig, so hört und liest man, ist es, schnell und richtig zu reagieren. Wie geht man mit der Krise also richtig um und was ist eine angemessene Reaktionszeit? Was sollte man keinesfalls machen?

Michael Wildling: Für die richtige Krisenkommunikation gibt es aus der Sicht des Unternehmens drei Schlüsselfaktoren: Readiness (auf Krisenfälle vorbereitet sein, um schnell reagieren zu können), Interdisziplinarität (hochgradig organisiertes Zusammenarbeiten von unterschiedlichen Experten unter Zeitdruck) sowie Klarheit in der Kommunikation (stringent, verständlich und zeitnah).

> **„Die richtige Reaktionszeit kann von Krise zu Krise variieren. Ideal wäre aber jedenfalls innerhalb einer Stunde."**

Auch wenn das Tempo im Social Web enorm hoch ist, sollte man keinesfalls überhastet oder mit Halbwahrheiten bzw. ohne notwendige Hintergrundinformation reagieren. Viele Beispiele zeigen, dass derartige Verhaltensweisen die Krisensituation oft noch zusätzlich anheizen.

Sind Entschuldigungen von Unternehmensseite angebracht? Ist Humor ein wirksames Mittel, um die Wogen zu glätten und Kompetenz im Krisenmanagement zu zeigen?

Michael Wildling: Wie bereits angesprochen sind Krisen ungemein vielfältig und individuell. Ein Patentrezept gibt es nicht. Ob eine Entschuldigung notwendig oder angebracht ist, muss im jeweiligen Einzelfall entschieden werden. Auch Humor kann helfen – muss er aber nicht. Gerade in Situationen, in denen eher Mitgefühl oder wirkliche Kritikfähigkeit gefordert sind, kann eine zu humoristische Herangehensweise auch nach hinten losgehen.

> **„Prinzipiell gilt: Kommunizieren Sie aktiv, kontinuierlich, transparent und vor allem empathisch. Wer versteht, worum es den Kritikern im Kern geht, kann auch bestmöglich darauf reagieren."**

Darf oder soll man Beschimpfungen (kommentarlos) löschen?

Michael Wildling: Lange Zeit galt die Regel, dass im Social Web nichts gelöscht werden darf. Diese Ansicht halte ich für veraltet. Ich unterscheide prinzipiell zwischen zwei Arten von Postings: Jene, die sachliche Kritik anbringen und in deren Tonalität man erkennen kann, dass sie an einem Dialog mit dem Unternehmen interessiert sind, sollte man keinesfalls löschen. Hier gilt es vielmehr, den Dialog schnellstmöglich zu eröffnen und sich aktiv mit dem Anliegen auseinanderzusetzen. Jene hingegen, die nur Verunglimpfungen oder Beschimpfungen loswerden möchten, kann man mit einem dementsprechenden Hinweis löschen. Gut ist es natürlich, wenn man schon von Anbeginn einen klaren Verhaltenskodex eingeführt hat, auf den man sich in derartigen

Situationen berufen kann. In der Herangehensweise sehe ich durchaus eine Analogie zum realen Leben: Wenn jemand sachlich kritisiert, dass mit dem Produkt etwas nicht in Ordnung ist, wird man sich jedenfalls mit ihm und dem Problem auseinandersetzen. Wenn jemand aber nur schimpft, wird man auch im realen Leben einfach vorbeigehen.

Gibt es Branchen, die für soziale Krisen anfälliger sind als andere?

Michael Wildling: Ein Unternehmen, das kein Krisenpotenzial hat, gibt es aus meiner Sicht nicht. Die Frage der Anfälligkeit würde ich aber nicht auf die Branche reduzieren. Klar ist nur, dass jene Unternehmen, die rein im B2B-Bereich tätig sind, natürlich weniger anfällig sind, nachdem ihnen der direkte Kontakt zum Konsumenten fehlt. Aber auch für diese gibt es zahlreiche Szenarien, durch die eine Krisensituation im Social Web entstehen könnte.

Man hört immer wieder, dass Firmen einen Shitstorm provozieren, um Aufmerksamkeit zu bekommen. Kann das wirklich funktionieren?

Michael Wildling: Eines vorweg: Persönlich mag ich das Wort „Shitstorm" nicht sonderlich. Ich halte das für einen extrem gehypten Begriff, den viele völlig falsch verwenden. Heutzutage spricht ein Unternehmer ja schon von Shitstorm, wenn er drei kritische Postings auf seiner Page hat. Das ist aber von einem Shitstorm, so wie ich ihn definieren würde, meilenweit entfernt. Ein wirklicher Shitstorm schädigt die Reputation eines Unternehmens nachhaltig. Dementsprechend kann ich mir nicht vorstellen, wie das einem Unternehmen helfen soll. Ich glaube, viele meinen in diesem Zusammenhang eher das, was in der Fachliteratur oft „Brouhaha" genannt wird. Sozusagen der kleine Bruder des Shitstorms: Es gibt zwar eine kritische Auseinandersetzung der Netzgemeinde mit dem Thema, dies ist aber zeitlich begrenzt und greift nie nachhaltig in die Reputation des Unternehmens ein. Hier könnte ich mir schon vorstellen, dass manche Unternehmen das für den Bekanntheitsgrad aktiv einsetzen möchten. Ich persönlich würde aber keinem meiner Kunden dazu raten. Dafür halte ich den Grat zwischen „Brouhaha" und wirklicher Krise für zu schmal. Nur ein falscher Schritt und der Schuss geht nach hinten los.

Kennen Sie gute Beispiele, wie Firmen mit Entrüstung und Empörung ihrer Kunden umgegangen sind?

Michael Wildling: Auch wenn das Beispiel schon etwas älter ist, so muss ich es trotzdem hier nennen: Dominos Pizza. Das war sicher eine der ersten großen Social-Media-Krisen in den USA und wurde vom Unternehmen ausgezeichnet gelöst. Die Geschichte war simpel: Zwei Mitarbeiter von Dominos Pizza (einer großen amerikanischen Pizzakette) machten ein Video, in dem sie sich u. a. Käse in die Nase steckten und danach die Pizza damit belegten, und stellten es auf YouTube. Das Video verbreitete sich wie ein Lauffeuer und die Entrüstung der Kunden war riesig. Bereits 24 Stunden später konterte Dominos Pizza mit einem Video des CEO, in dem er erstens Verständnis für die Entrüstung zeigte und mitteilte, dass das betreffende Restaurant inzwischen für eine Komplettreinigung geschlossen und die betreffenden Mitarbeiter bereits entlassen wurden. Dominos hat hier alles richtig gemacht: schnell und aktiv reagiert, sympathisches und vor allem empathisches Auftreten sowie direkte Kommunikation des Vorstandsvorsitzenden. Vor allem aber hat man verstanden, dass man die Kritiker dort abholen muss, wo sie sind. Nämlich mittels Video auf YouTube. Ein ähnliches Beispiel wäre Burger King in Deutschland. Auch dort hat man durch fast schon überbordende Aktiv-Kommunikation im Social Web die Kritiker verstummen lassen. ■

INTERVIEW MIT
MAG. MICHAEL WILDING
Managing Partner der MEMENTO Kommunikationsberatung. Schwerpunkte: Entwicklung von crossmedialen Kommunikationsstrategien sowie Public Relations, Social-Media-Marketing und Storytelling. Lektor an der KF Universität Graz. **facebook.com/mementokb**

Foto: Robert Frankl